# 협회경영
# 혁신전략

# 협회경영
# 혁신전략

회원을 성공으로 이끄는 '서비스협회' 건설 매뉴얼

임재우 지음

좋은땅

## 머리말

협회의 회장과 임직원은 윤리경영을 기조로 건전한 발전을 추구합니다. 시장의 제도 개선, 정책과 전략, 교육, 홍보 등 회원의 비즈니스에 직·간접적으로 영향을 주는 현안을 해결하며 미래를 준비하느라 노심초사하고 있습니다. 그러나 기업경영 서적은 넘쳐나도, 협회 서적은 찾기 어려워 학습하기도 어렵습니다.

그런 불모지에서 "회원의 더 나은 삶을 위해서 무엇을 해야 하나?", "체제와 시스템은 효율적인가?", "장단기 목표는 무엇을 추구하나?", "현안 해법과 전략은 타당한가?" 등의 질문과 궁리로 '건강한 협회'로 성장할 방안을 찾아 고심하고 있습니다.

저는 '한국공인중개사협회'의 초대 분회장, 제2대 대의원, 제3대 중앙회 이사, 제5대 충청남도 지부장, 제7대 중앙회 이사를 역임했습니다. 이 책은 협회에서 직접 맞닥뜨린 현안과 미래에 관한 깊은 궁리 속에서 회원에게 더 나은 삶과 희망을 주는 '서비스협회'의 청사진과 설계도를 준비했습니다. 특히, "회원과 시장의 번영으로 세상에 이바지하는 협회로 성장 방안은 무엇인가?"라는 질문과 해법을 찾아 나선 야심 찬 여정이었습니다.

이 책은 '한국공인중개사협회(이하 '우리 협회')'의 비전을 실현하는 방안으로 '서비스협회'를 제안하고 있습니다. 회원의 더 나은 삶을 도모하기 위한 정책과 전략, 리더십, 부정부패 청산 그리고 '한방'의 최고 브랜드로 성장 방안과 전략을 구체적으로 제시하고 있습니다. 또한 '관리협회'의 폐해를 청산하고, 회원과 시장 발전을 위해 준비한 '서비스협회'의 건설 방안에 관하여 누구나 이해하기 쉽도록 질의응답 형식으로 서술하고 있습니다.

협회는 회원과 시장뿐만이 아니라 소비자와 국가 경제·사회에 영향력을 행사하고 있습니다. 현행 관리협회는 회원과 시장의 성장으로 세상에 이바지하기보다는, 회원을 관리하고 통제하는 행정 수준에서 정체해 있습니다. 더 나은 삶을 추구하는 회원의 욕구와 야망을 채워 줄수 없는 관리협회의 폐해는 우리가 수십 년간 직접 체험했습니다. 회원과 시장의 성장을 이루기 위한 목표나 방향성도 상실하고 표류해 왔습니다. 그 원인으로는 지도자의 무지한 리더십과 '체제와 시스템'의 부실함에 있었다고 진단할 수 있습니다.

시방, 협회의 목표와 방향은 어느 곳으로 향하고 있을까요? 회원이 가장 알고 싶은 질문입니다. 필자는 "시장 정책과 제도 개선의 책무에는 성실히 이해하고 있는가?", "거래 질서 확립과 비즈니스 영역은 잘

협회경영 혁신전략

지키고 있는가?", "소비자 보호와 세상에 이바지하면서 회원의 권익은 도모하고 있는가?"라는 질문 속에서 회원과 소비자가 행복한 시장으로 세상에 이바지하는 '서비스협회'로 회원의 성장 방안을 준비했습니다.

회원은 소소한 개선이 아니라 '혁명적 변화'를 원하고 있습니다. 주변 단체나 협회도 눈여겨보았으나 우리와 다른 점을 찾아볼 수 없었습니다. 부정부패와 비리, 금품 선거와 부정 선거로 사회의 지탄받는 일들까지 그렇게 똑같이 닮을 수가 없습니다. 동료와 부정부패나 비리에 관한 사회 이슈를 이야기하다 보면 "어! 그건 우리 협회 이야기?"라고 되물어올 땐, 너무 곤혹스러웠습니다.

부정부패의 창궐과 부실한 리더십이 우리 협회를 망가뜨린다는 진단을 내린 지 이미 오래됐습니다. 그러나 이를 치유해야 할 지도자는 엉뚱한 일(?)에 깊숙이 잠겨서 빠져나오지 못하고 있습니다.

혁명적 변화를 선도할 수 있는 지혜와 결기를 지닌 새로운 지도자가 선출되고, 회원과 소비자가 행복한 시장으로 세상에 공헌할 수 있는 '서비스협회'를 건설해야겠습니다.

'서비스협회'의 성공을 위해선 첫째, 회원과 시장 성장이 불변의 목표가 돼야 합니다. 둘째, 부정부패는 일벌백계로 차단하는 시스템을 갖춰야 합니다. 국가든 기업이든 부정부패가 성행하면 모두 망했습니다.

셋째, 회장의 인품과 리더십이 중요합니다. 공정한 선거 시스템을 갖추고 유능한 지도자의 육성에 진력해야겠습니다. 넷째, 정관과 조직문화, 예산과 재정, 회원 관리, 연구개발, 기간 사업(공제 사업, 프롭테크 사업) 등 각 부문이 유기적으로 지원할 수 있어야 합니다. 이런 핵심 과제들의 목표와 실행 방안과 전략을 소상히 이야기하고 있습니다.

사실, 많은 회직자와 밴드를 이끄는 리더 그룹 그리고 깨어 있는 회원들은 관리협회에서 나타나고 있는 구조적 부정부패와 비리, 목표 부재와 금품 선거, 리더십 무능 등의 폐해로부터 벗어나, 회원의 번영과 희망의 길을 찾아 고심하고 있습니다.

사실, 회원과 시장의 발전에 헌신하는 열정의 회원들이 선구자로 활동할 수 있는 지식과 소양, 리더십의 배양을 원하고 있지만 마뜩한 서적도, 교육프로그램도 찾기 힘듭니다. 부족하지만 이 책에서 협회경영 실상을 학습하고 이해하고, 혁신에 정진할 수 있는 신념을 다져 주는 마중물이 되어 주길 바라고 있습니다.

또한, 혁신을 넘어서, 새로운 가치를 모색해 볼 수 있는 질문과 청렴하고 유능한 지도자로 성장할 수 있는 방향을 모색하는 질문도 던지고 있습니다. 지도자로 나설 회원분들은 '어떤 지도자로 성장해야 할 것인지?', '무엇을 학습하고, 어떻게 리더십을 쌓아야 할 것인지?' 고민하고 답하다 보면 주체성과 방향성도 자연히 정립할 수 있을 것입니다. 또한. 회원과 직업을 사랑하는 열정으로 헌신하는 회직자분들이, 지도자로서 이상과 리더십을 확장하면서 '서비스협회'의 새 역사를 만들어 낸 지도자로 기록되는 영광을 누리시길 희망합니다.

끝으로 경영 혁신을 향한 저의 열정과 의지를 북돋아 주신 동료와 선후배님들께 깊이 고개 숙여 감사드립니다. 직업을 사랑하는 열정에서 깊은 고민과 비판을 던지는 과정에서 (밴드, 회원광장 등에서) 빛나는 아이디어를 많이 주셨습니다. 지도자의 무능한 리더십과 관리협회가 빚어낸 비극으로, 천 길 벼랑 끝에 내몰린 회원의 삶과 미래를 위해서 우리는 '서비스협회'를 기필코 건설해내야겠습니다.

소비자와 회원이 행복한 시장으로 더 좋은 세상을 이루기 위해서, '서비스협회'를 건설하고 회원의 희망찬 미래를 준비해야겠습니다.

2024. 05. 08.
협회경영전략 컨설턴트 임재우

# 목차

# 01
## '서비스협회'의 이해와 성장 방안

- 회원 성장으로 미래를 준비하자

# 협회가 추구하는 가치는 무엇인가?

우선, 협회의 기능과 역할을 살펴보겠습니다. 우리 협회는 '공인중개사법'에 의해 설립된 단체로서 국가와 사회에 공헌해야 합니다. 협회는 소비자 보호와 시장의 발전, 회원의 권익 증진을 위해서 전문지식과 직업윤리를 고취할 사명이 주어져 있습니다. 회원의 권익 증진을 위한 과제를 해결하는 것은 물론, 직업인의 윤리와 책무에 우선하고 있어, 공익을 추구하는 협회라고 정의할 수 있을 것입니다.

협회는 회원의 권익을 옹호하기 위한 정책이나 제도 개선의 요구에 앞서, 소비자와 시민의 시선에서 바라보면서 지혜롭게 활동해야 합니다. 특히, 우리 협회는 부동산 시장과 회원에게 덧씌워진 부정적 이미지를 쇄신하기 위해서 노력해야 합니다. 회원의 전문지식과 직업윤리 함양, 서비스 전문화로 회원의 건전한 비즈니스 환경을 지원하고, 소비자의 신뢰와 만족도 향상으로 세상에 이바지하는 선진 시장으로 이끄는 것이 우선해야 할 일입니다.

협회가 국가·사회에 공헌할 수 있는 과제는 무엇일까요? 공정하고 건전한 시장으로 육성하여, 생산성 향상으로 경제적, 사회적 가치를 창출하는 활동에 답이 있습니다. 시장의 건전한 거래 질서와 직업윤리를 확립해 소비자를 보호하고, 회원의 권익도 도모할 수 있는 선진 시장을 실현하는 데 있다고 할 것입니다.

### 01) 협회가 추구하는 목표는 무엇인가?

회원의 더 나은 삶을 추구하는 데 있습니다. 협회는 회원과 시장의 발전으로 세상에 이바지하기 위해 만들어졌습니다. 부동산 정책과 제도 개선, 거래 질서와 직업윤리의 확립으로 소비자를 보호하며 회원의 재능을 마음껏 펼칠 수 있는 비즈니스 환경을 확장하는 데 있습니다. 교육, 연구, 홍보, 공제, 프롭테크 사업 등 모두가 회원 성장을 지원하는 과제들입니다.

첫째, 시장 제도와 정책을 개선해야 할 책무가 있고. 둘째, 시장의 거래 질서와 직업윤리 확립. 셋째, 시장 영역의 침략 세력을 물리쳐야 할 책무가 있습니다.

여기서 주의할 점은 회원의 입장과 현장에서 해법을 찾아야 한다는 점입니다. 즉 "회원이 바라는 것과 고초는 무엇인지?", "시장에서 무엇을 어떻게 할 것인지?" 질문과 고민 속에서 해법을 찾고, 회원의 필요와 욕구를 채워 나가는 데 있습니다.

### 02) 협회는 '이익 단체'라는 평판을 벗어나야 하나?

개인이든 단체든 세상의 평판은 매우 중요합니다. '자기 이익만 아는 사람'이란 평판을 듣는다는 것보다 더 두려운 일이 있을까요? 세상은 자기만 챙기는 사람은 만나거나, 상대하는 것조차 꺼립니다. 이건 스스로 세상과 관계를 단절하는 것과 같습니다. 세상에서 정당한 활동과 노력한 만큼 챙기는 사람이 성장하고, 존중받는 투명한 세상입니다. 협회가 회원의 이익만 요구하는 거친 주장이나 투쟁이, 어떤 성과를 얻은 적이 있었나요?

오히려 '이익 단체'라는 나쁜 이미지만 심고 손해만 본 것이 사실이었지요? 설사 그 주장이 정당하다고 해도, 더 좋은 방법이나 수단은 없었을까? 이런 질문과 성찰 속에서 우린 더 나은 방법과 전략을 찾아 나서야겠습니다. 사실 소비자 보호가 이루어지는 선진 시장으로 가꾸는 활동들이 회원의 성장을 이루기 위한 전략인 것만은 분명합니다.

### 03) '회원을 위하는 협회'란 무엇인가?

'회원을 위해 일하는 협회'로 성장하자면 먼저, 협회의 목표와 정책이 회원에게 "어떤 도움이 되는지?", "무엇을 위해 어디로 가고 있는지?", "누구를 위한 일인지?" 이런 질문 속에서 기준과 원칙을 세우고, 회원의 힘이 되어 주는 협회입니다.

협회의 정책과 사업 목표의 결정 과정에서 회장은 항시. 위의 세 가지 질문에서 길을 찾고, 회원의 복지와 성장에 관한 부문에 우선할 수 있는 기준과 원칙을 세워야겠습니다.

## 04) 회원을 위한 정책이 보이지 않는다. 원인은 무엇인가?

협회가 회원을 위해 활동하면서도 좋은 결실을 얻지 못하는 데는 이유가 있습니다. 첫째, 회원 복지와 서비스에 관한 예산을 핵심 의제로 다루지 못하고 있습니다. 둘째, 회원과 시장 성장을 위한 목표와 과제를 정하고, 추진하지 못한 데 있습니다. 셋째, '회원은 협회를 떠나지 못한다.'라는 오만함이 회원의 비판과 불신을 불러왔습니다. 끝으로 회장의 경영철학의 부재에서 나타나는 문제입니다. 회원을 위해서 꼭 필요한 정책과 사업에 충실하지도 못했고, 회원 비즈니스를 지원하는 전문 지식 서비스(마케팅 등) 개발도 하지 못했습니다. 지도자의 비전과 야망 그리고 경륜의 일천함에서 나타난 현상이었습니다.

## 05) 시장의 제도 개선 방향과 전략은?

지도자는 항상 회원의 입장과 시선으로 볼 수 있어야 합니다. 정책과 제도 개선에서는 "회원에게 어떤 도움이 되는가?", "우리가 무엇을 이루어 낼 것인가?"라는 질문에서 시작해야 합니다. 회원에게 더 좋은 일터(시장, 직업 등)에서 더 나은 삶을 추구할 수 있게 지원하는 것이 목표여야 합니다. 좋은 정책과 제도, 건전한 질서 확립으로 더 좋은 비즈니스 환경을 조성해야겠습니다.

협회는 소비자 보호와 세상에 공헌이란 과제를 핵심 의제로 다뤄야 합니다. 소비자 보호와 세상에 이바지하는 과정에서 형성되는 평판과 신뢰 기반은 회원 권익을 증진하는 데 강력한 지원군이 됩니다. 회원 권익 증진을 위해서 가장 효율적 방안이자, 대국민 로비 활동까지 수행해 주는 매우 탁월한 전략입니다.

* * *

지금까지 협회가 추구해야 할 정책 목표와 방향을 살펴봤습니다. 저의 해법(solution)을 어떻게 생각하십니까? 협회의 정책과 서비스는 '회원이 무슨 변화를 기대하고 있는지?', '어떻게 충족시켜 나갈 것인지?'에 대해 고민하며, 회원의 숨겨진 욕구와 기대까지 채워 줄 수 있는 서비스 활동이, 협회가 추구해야 할 기본이자, 소중한 가치라고 할 것입니다.

협회경영 혁신전략

# '서비스협회'의 서비스 디자인

2015년 출간한 책『우리가 꿈꾸는 협회, 우리가 디자인한 협회』에서 '서비스협회'를 건설하자고 주창했습니다. 우리 협회는 1986년 2월 20일 창립 이래, 회원 관리 수준의 행정 서비스에서 멈춰 섰습니다. 그러나 우리 회원들은 자신을 관리하는 협회가 아니라, 성장을 지원할 수 있는 '서비스협회'를 기다리고 있습니다.

'서비스협회'로 바꿔야 회원도 협회도 살 수 있다는 건 분명한 사실입니다. 소소한 개선이나 변화로는 혁신을 이룰 수 없다는 점도 우리는 알고 있습니다. 이제, 회원을 관리하는 수준의 무지와 무능을 청산하고, 회원의 성장을 지원할 수 있는 '서비스협회'로 바꾸고 회원과 협회의 미래를 밝혀야 하겠습니다.

'서비스협회'로 혁신에 도전하는 회장은 "회원이 무엇을 가치 있게 생각하는가?", "회원의 욕구와 기대를 만족시킬 방안은 무엇인가?" 등의 질문과 고민 속에서 해법을 찾아야 합니다. 그리고 그 답은 회원의 시선에 맞추어 준비해야 합니다. 지도자는 수시로 회원에게 질문해야 합니다. "당신에게 중요한 건 무엇입니까? 협회가 무엇을 어떻게 개선해야 할까요? 하지 말아야 할 것은 무엇인가요?" 등 이러한 질문을 통해서 얻을 수 있는 '회원의 욕구와 아이디어'는 회장의 리더십과 주요 정책 결정에 아이디어를 줄 수 있는 소중한 정보이자 힘찬 에너지를 생산할 수 있는 소중한 자원입니다.

"회원이 무엇을 가치 있게 생각하는가?"란 질문은 회원의 욕구와 가치를 파악하고 지원할 수 있는 핵심 의제입니다. 그러나 협회도 회장도 이런 질문과 가치에는 관심조차 없는 행태와 무지가 안타깝습니다. 지도자가 회원의 고초를 찾아서 해결하겠다는 소명감이 보이지 않는 연유겠습니다. 더 큰 문제는 지도자의 '생각과 인식'을 회원의 생각이라 착각하고, 그 생각이 마치 '회원이 원하는 가치'라고 착각하고 정책을 수립하는 데 있습니다. 이렇게 미욱한 지도자 리더십이 회원을 고통의 늪 속으로 빠뜨렸습니다. 결국은 자신까지 망치는 길로 치달려 달려갔습니다.

'서비스협회'는 목적과 형태가 다양성을 내포하고 있습니다. 협회의 특성에 따라 목적을 정의하고 시장 범위와 영역을 지키고 발전시키는 데 집중해야겠습니다. '서비스협회'는 특정 산업이나 시장에서 전문성의 확장으로, 회원의 협력과 성장을 촉진하여, 시장의 발전을 선도하는 데 목적이 있습니다. 회원에게 교육과 네트워킹 기회, 시장 동향과 실무 지식·정보 등 다양하게 지원합니다. 또한, 정부 정책에 대해 새로운 방향이나 대안을 제시하고, 소비자와 공익을 위한 활동에 솔선수범하고 있습니다.

서비스협회의 업무와 범위는 목적과 시장의 특성에 따라, 지원하는 서비스 수준과 품질, 만족도에 직·간접적으로 영향을 미치고 있습니다. 따라서, 서비스협회의 업무와 범위 설정 등은 회원의 성장과 더 나은 삶을 위해서 매우 중요한 과제입니다.

### 01) 왜 '서비스협회'여야 하나?

'관리협회'를 버리고 '서비스협회'로 혁신을 추구하는 것은 회원의 권익 증진과 소비자 보호, 시장의 발전이란 협회의 사명에 충실하기 위한 과제입니다. 회원을 관리·통제하는 낡은 방식의 '관리협회'는 행정 서비스와 회원 관리에 머물러서 있습니다. 그러나 회원들은 자신의 더 나은 삶을 위해서 자유로운 비즈니스 환경과 다양한 전문 서비스를 지원해주기를 바라고 있습니다.

그래서 준비한 것이 '서비스협회'입니다. 체계적이고 효율적인 정책과 전략으로 시장의 거래 질서를 확립하고, 회원과 시장에 부응할 수 있는 전문 서비스 시스템을 갖추고, 진취적인 회직자의 육성에 나서고 있습니다. 이는 협회의 존재 이유를 다시 살펴보고, 회원사회와 세상의 요구에 부응할 수 있는 중요한 계기가 될 수 있을 것입니다. 따라서, 협회의 성장과 발전을 위해서는 회원 성장을 기조로 하는 '서비스협회'로 혁신을 이뤄야겠습니다.

이런 진취적인 변화는 회원과 시장의 성장을 이끌고, 공정한 거래 질서와 윤리가 확립된 시장으로 소비자를 보호하고 더 좋은 사회로 이끌어서 세상에 이바지하는 협회로 성장할 것입니다.

## 02) '서비스협회'로 바꿔야 할 당위성은 무엇인가?

우리 협회는 부정부패와 비리에 관한 수많은 의혹과 무능한 리더십은 협회의 지지 기반까지 망가뜨리며 존재 이유마저 위태로운 누란의 위기에 휘둘려 왔습니다. '서비스협회'로 바꾸는 데는 두 가지가 이유가 있습니다.

하나는 회원 기본권을 확립하는 데 있습니다. 이제껏 회원을 관리하며 통제하는 시스템을 버리고, 소비자 보호와 시장 발전을 추구하는 진취적 정책과 서비스의 전문화를 이루어서 회원의 경제적, 사회적 성장 기회를 지원하자는 데 있습니다.

또 하나는 시장의 공정한 거래 질서의 확립에 있습니다. 소비자 보호와 자유로운 거래 질서가 이뤄지는 선진 시장으로, 회원에게 직업인의 긍지를 심어주고, 국가·사회의 지지 기반을 다져야겠습니다. 더 나은 삶을 향한 회원의 욕구와 가치를 실현하는 데 있습니다.

## 03) 회원이 원하는 가치의 실현이 '서비스협회' 목적인가?

그렇습니다. '서비스협회'의 성패는 회원의 욕구와 가치에 대한 지도자의 인식과 태도에서 결정됩니다. 무엇보다도 회원의 필요와 욕구를 채워 주기 위해서는 사무처 직원과 회직자의 욕구와 야망도 채워 줘야합니

협회경영 혁신전략

다. 그분들이 정책과 제도 개선, 거래 질서, 회원의 경제적, 사회적 입지 향상 등 회원의 욕구와 가치 실현을 위해서 고투하시는 분들입니다.

사실 '회원의 욕구와 가치'를 정책에 반영한다는 것은, 진취적인 지도자의 이상이자 야망입니다. 회장이 회원의 욕구와 가치를 채워 주는 건 책무지만, 그 이행은 매우 어려운 과제입니다. 그러나 '회원으로부터 무엇을 알아내고, 어떻게 채워 줘야 할 것인지?' 스스로 질문하며 해법을 찾아 나서는 지도자라면, 그리 어렵지 않게 이뤄낼 수 있습니다.

회장은 진솔한 마음으로 소통하며 회원의 욕구와 가치를 파악하는 것이 매우 중요합니다. 회원과 소통은 회장 자신의 성공을 위해서도 성실해야 합니다. 소통에서 얻어낸 회원의 생각과 고초는 정책에 즉시 반영하면서 그 결과까지도 신속히 알려 주는 성실한 모습을 수시로 보여 줄 수 있어야 합니다.

이러한 회장의 리더십을 통해 '서비스협회'의 기본 과제와 책무 수행에 충실한 것은 물론, 회원과 시장을 통해 더 나은 세상으로 공헌하는 협회로 성장하는 데 있습니다.


### 04) '서비스협회'의 혁신 구상은 어떻게 시작됐나?

회원은 자신이 필요한 때, 원하는 서비스를 받을 수 있는 실질적인 도움을 바라고 있습니다. 이런 본질적 욕구를 채워주자는 아이디어를 실현하기 위한 것이 바로 '서비스협회'입니다. 회원 서비스와 마케팅이 하나로 이어지도록 구상하였습니다.

이제까지 '회원 관리와 행정'에 집중한 '관리협회'로 실패를 반복해 왔습니다. 파괴적 혁신이 요구되는 이유입니다. 회원은 효율적인 '회원 서비스와 효능'을 요구하고, 더 나가 피드백 지원까지 기대하고 있습니다. '협회가 삶의 터전이다.'라는 믿음으로 가입한 회원입니다. 원하는 서비스를, 원하는 때, 활용할 수 있도록 해야겠습니다. 회원에게 실효성 있는 서비스를 지원하는 활동이 협회를 성공으로 이끌어 줄 것입니다.

### 05) '서비스협회'로 세우는 것이 혁신의 목표인가?

그렇습니다. 회원이 바라는 소망이자 목표입니다. 현재의 체제와 시스템은 사업부(프롭테크 사업, 공제 사업)와 회원 서비스와 피드백도 받을 수 있는 환경은 조성돼 있습니다.

그러나 "협회가 잘 활용하고 있는가?"라는 질문에 우리가 흔쾌히 "Yes."라고 답할 수가 있을까요? 지금도 '회원의 목소리'는 차고, 넘칩니다. 그러나 지도자가 '회원의 목소리'를 똑바로 파악해서 활용하지 못하면 그건 쓰레기에 불과합니다. '회원이 무엇을 요구하고 원하는지, 왜 불만과 비판이 쏟아지는지'를 알아내서 해결할 수가 없기 때문입니다.

이건 당신의 컴퓨터에 엑셀과 AI 프로그램이 있어도, 사용할 줄 몰라서 사용하지 못하거나, 사용할 줄은 알지만. 그 효능과 가치를 몰라서 사용하지를 않는 무지와 같습니다.

### 06) '서비스협회'의 목적은 무엇인가?

회원의 더 나은 삶과 시장의 발전을 도모하는 데 있습니다. 투명한 경영과 효율적 서비스로 회원의 지지 기반을 다져야 합니다. 회원이

협회경영 혁신전략

어려울수록 공감하고 지지할 수 있는 정책과 서비스로 시장과 비즈니스 환경을 쇄신해 나가야만 합니다.

회원은 부실한 정책과 제도, 거래 시장의 무질서, 회원 압박(투기 주범), 프롭테크[1]시장에서 IT 기업의 독주(獨走) 등으로 고통을 받고 있습니다. 자연히 회원의 비판은 사납습니다.

"협회는 무엇을 하고 있나? 하는 게 무엇인가?"라는 질문으로 공격과 비판 수위를 높이고 있습니다. 회원의 이익과 가치의 창출은, 정책과 서비스의 품질과 수준에 의해서 결정됩니다. 또한, 그 결정이 회원의 신뢰와 지지도에 결정적 영향을 미치고 있습니다. 이러한 회원의 높은 시선과 수준을 채워 주며 더 좋은 비즈니스 환경을 도모하여 성과를 이루는 데 있습니다.

### 07) '서비스협회'로 바꾸는 혁신이 가능한가?

예! 가능합니다. 그리고 꼭 바꿔야 합니다. 사실 회원의 성장을 지원하는 '서비스협회'를 기다리는 회원들의 열망은 봄날의 낙엽처럼 바짝 말라 있습니다. 불꽃(서비스협회)이 댕겨지기만 고대하고 있습니다. 사실 '서비스협회'라는 불꽃이 회원 속에 타오르는 순간, 회원들은 그 불꽃을 따라 똘똘 뭉치고, 자신의 더 나은 삶과 미래를 위해서 혁신에 앞장설 것입니다.

하나의 공동체로 똘똘 뭉쳐진 단체보다 더 강한 협회는 없습니다. 이

---

1) 프롭테크(property tech): 부동산 정보기술로 '부동산거래정보망'에 활용. 시중에 한방, 직방, 다방 등 다수의 앱이 있다.

건 '서비스협회'만이 만들어 낼 수 있는 강력한 에너지에서 나타날 수 있다고 생각합니다. 회원의 똘똘 뭉친 힘으로 협회를 쇄신하고 자신도 성장할 수 있습니다. 더욱이 '서비스협회'는 부정부패와 무능을 척결하고, 진취적 정책과 서비스로 회원의 성공을 지원할 비전과 열정을 제시하고 있습니다.

'서비스협회'의 비전과 청사진을 본 회원은 스스로 앞장서겠지요? 혁신을 위해서 회원이 앞장서서 나섰는데 그 누가 말리겠다고 나선들, 회원의 거대한 야망을 말릴 수 있겠습니까?

## 08) '서비스협회'의 기본 방향과 전략은?

'서비스협회'는 소비자 보호와 시장 선진화로 회원의 비즈니스 환경 개선에 우선해야 합니다. 실효성 있는 정책과 전문 서비스로 회원의 비즈니스 역량 향상을 지원하는 걸 목표로 삼고 있습니다. 회원의 비즈니스 지원을 위한 서비스 시스템은 협회의 기본입니다.

그리고 현장에서 어려운 과제일수록 "이게 왜 안 되나?", "왜 우리가 못 하고 있는가?"라는 질문을 던지면서, 더 나은 정책과 전략을 개발해 회원의 비즈니스 현장을 지원하고, 거기서 얻은 성과와 가치들은, 회원의 신뢰와 지지도의 확장으로 나타납니다.

이는 회장에게 강력한 신뢰와 지지로 리더십에 에너지를 충전시켜 줍니다. 회원의 이상(꿈과 희망)을 펼치도록 설계한 것이 '서비스협회'입니다. 회원이 공감하고 지지할 수 있는 정책과 서비스 향상을 위해서 나날이 정진해 나가야 합니다.

## 09) '서비스협회'의 특성과 효능은 무엇인가?

'서비스협회'는 '회원의 욕구를 채워 주면서 성장을 지원한다.'라는 확고한 목표와 방향이 있습니다. 이는 회원의 비즈니스에서 필요와 욕구를 채울 수 있는 전문 서비스를 수행해 낼 수 있을 때, 이뤄낼 수 있습니다. 이러한 회원 서비스는 사무처와 회직자의 헌신적인 도전과 아이디어에서 생산되는 소중한 결과물들입니다. 사무처 직원과 회직자의 도전적 고민과 헌신적 직무 활동의 필요와 욕구를 채워 주는데, 소홀히 해선 안 됩니다.

회원의 복지와 가치 증진을 위한 장단기 목표가 명확해야 합니다. 명확한 목표는 회원의 가슴속에 깊이 숨어 있던 이상과 열정까지 끌어내어, 신뢰와 지지 기반을 다지는 에너지가 됩니다.

회장은 비판과 반대의 목소리에 귀 기울여야 합니다. 올바른 것은 즉시 수용하고, 그렇지 않은 경우는 이해와 설득으로 포용할 수 있는 담대한 리더십이 중요합니다. 회원과 소통은 협회의 목표를 달성하는 데 있어, 지도자에게는 필수 조건입니다.

이런 리더십은 시장의 위기와 현안을 극복하고, 원활한 대외 관계를 구축하고, 기간산업의 육성 등 협회의 장단기 목표를 향한 추진력 동력을 더욱 높여 줍니다. 서비스협회는 이러한 목표를 향해 정진하며 회원의 성장과 시장의 선진화를 추구합니다.

## 10) '서비스협회'의 성장 조건은 무엇인가?

회원의 지지와 참여는 협회의 혁신을 이끄는 에너지로 가장 소중한 자산입니다. 회원의 지지를 얻기 위해선, 지도자와 협회가 먼저 변해야 합니다. 즉, 회원이 '더 많은 회비라도 기꺼이 내겠다'라고 할 수 있는 '가치와 매력'을 발산할 수 있어야 합니다.

전문인으로 성장할 수 있는 비즈니스 환경과 교육을 확장하고, 현장에서 활용할 수 있는 실시간 지식·정보 서비스 등으로, 협회의 효능과 가치에 회원이 반할 수 있도록 성장해야겠습니다. 즉, 회원 성장과 시장 발전을 위한 목표와 방향을 정하고, 협회가 실현할 장단기 목표를 분명히 제시하고 추진해야 합니다.

회원의 복지와 성장을 위해서 '어떻게 더 좋은 도움을 줄 수 있을 것인가?'를 고민하며 해법을 찾아 실천하고 그 결과를 보여 줄 수 있어야 합니다. 예를 들어 '좋은 교육을 도시 회원과 지방 회원이 동시에 받도록 할 수 없겠나?'를 고민하고 있다면 그 해결 방안을 찾아 나서게 될 것입니다.

또한, 직접 서비스(교육, 거래정보망, 공제 사업 등)와 간접 서비스(연구개발, 홍보 사업 등)에서 나타나는 소소한 문제까지도 유익한 가치와 서비스로 연결해 주면서 성심을 다할 수 있다는 열정과 소명 의식에서 이뤄질 수 있다고 할 것입니다.

## 11) 직접 서비스와 간접 서비스의 차이는?

'직접 서비스'는 행정 서비스와 회원 고충을 해결하는 것이 전부가 아닙니다. 부동산거래정보망사업, 공제 사업, 교육 사업도 회원을 위한 직접 서비스입니다.

이런 직접 서비스는 회원이 체험하면서 협회의 역량과 수준을 평가할 수 있는 기준이자 핵심사업이 분명합니다. 이제, 협회가 스스로 회원 서비스의 기준과 원칙을 제정하여, 내부 평가 시스템을 갖추고, 스스로 채찍질하며, 회원의 마음을 얻어야겠습니다.

'간접 서비스'는 연구개발(부동산 시장 제도와 정책, 거래 질서와 소비자 문제 등)과 홍보 활동이 있습니다. 사실 회원과 시장의 현안을 해결하기 위해서 가장 시급하고 중요한 서비스가 바로 '연구개발사업과 홍보 사업'에 있습니다.

시장 정책과 제도 부문에서 연구개발의 성과에서 얻을 수 있는 가치와 결실은 무한합니다. 그 결실은 곧바로 모든 회원이 누릴 수 있습니다. 연구개발과 홍보 사업에 우수한 기획과 투자가 많을수록 회원에게 '더 나은 삶과 더 좋은 시장을 약속할 수 있다.'라는 점만은 분명합니다. 희망과 미래 가치를 창출할 수 있는 도전과 기회가 확장되는 것입니다.

## 12) 협회의 서비스 품질과 가성비[2]는?

협회경영의 성패를 좌우하는 중요한 요소입니다. 회원이 협회의 서비스가 비용 대비 효과가 크다고 느낄수록 만족도가 높아지고, 가입률, 신뢰도, 지지율도 증가할 건 분명합니다.

따라서 회원 서비스 품질과 수준의 향상으로, 회원의 욕구와 기대에 부응할 수 있는 서비스 향상을 핵심 과제로 삼아야 합니다. 서비스 품

---

2) 가성비: 가격 대비 성능을 의미하는 용어로, 제품이나 서비스의 가격과 그 성능, 효용, 품질 등을 비교하여 그 가치를 평가하는 것을 말한다. 가성비가 좋다는 것은 가격에 비해 높은 성능이나 품질이라는 것을 의미한다.

질 향상과 개발을 확장하기 위해서는 무엇보다도 지도자의 가치관과 통찰력 그리고 경륜이 매우 중요합니다.

회원의 비즈니스에 실효성 있는 서비스에 집중해야 합니다. 회원으로부터 서비스의 품질과 수준에서 '협회가 최고다!'라는 평판을 받을 수 있도록 발전시켜 나가야 합니다. 회원의 비즈니스 현장에서 실효성과 서비스의 품질과 적합도에 만족할 수 있어야 합니다. 이는 회원의 신뢰도와 만족도를 동시에 높여 줄 것입니다.

# '서비스협회'의 건설과 회장 리더십

### 01) '서비스협회' 혁신에 어떤 지도자가 요구되나?

비전과 소신이 확고한 지도자입니다. 정관을 개정하고 혁신을 주도할 수 있는 지식과 역량도 충분히 갖추고 있어야 합니다. 회장의 자리는 권한 남용이나 부정부패에 빠져 버릴 수 있는 악마의 유혹이 곳곳에 도사리고 있습니다. 회장에게는 권한의 오남용과 부정부패를 차단할 수 있는 체제와 시스템으로, 회원과 협회의 건전한 발전을 이끌어 나가야 할 중대한 책무가 주어져 있습니다.

특히, 회장 스스로 청렴의 족쇄를 차고 나설 때, 얻을 수 있는 이익과 가치는 무궁무진합니다. 첫째, 부정부패가 사라지고 회장과 회직자의 신뢰와 리더십이 강화됩니다. 둘째, 투명하고 정직한 조직 문화가 형성되어 건전한 성장 기반을 다져냅니다. 셋째, 회장의 청렴은 회직자와 사무처 직원의 모범이 되어, 협회의 윤리경영 기반을 다지는 데 크게 이바지할 것입니다.

이렇게 혁명적 변화를 위해 청렴의 족쇄를 채우는 일에 회장이 스스로 결단하고 앞장설 때, 혁신의 성공의 확률이 높아집니다.

## 02) '서비스협회'로 혁신에 주의해야 할 점은?

협회의 존재 이유와 목적을 통찰하고, 확인하면서 회원의 요구와 기대에 부응할 방안을 마련해야 합니다. 협회는 회원의 성장과 시장 발전을 위해서 결성된 공동체입니다. 회원의 권리와 복지 증진 활동에 우선해야 합니다. 협회가 회원을 관리하고 통제하는 주체라고 생각하는 '관리협회'의 무지와 만용을 간과하거나 소홀히 해선 무조건 실패합니다.

회장이 회원의 신뢰와 지지 기반을 다지기 위한 소통은 리더십에 필수 조건입니다. 소통으로 시장 변화와 동향을 통찰하고, 회원의 성장과 발전을 위한 아이디어와 서비스 개발에 집중해야 합니다. 회원의 눈높이에 맞춰 제도와 시장질서를 개선하고 소비자 권익을 보호하는 활동들이 균형을 이뤄야겠습니다.

이러한 혁신 방향성과 과정은 지도자의 사고와 인식이 진취적이어야 회원의 신뢰와 지지를 얻어낼 수 있습니다. 혁신이란 무엇보다도 회원의 지지와 신뢰를 기반으로 추진해야 매끄럽게 성공할 수 있다는 점을 깊이 살펴야 합니다.

## 03) 회원 성장을 위한 전략은 무엇인가?

회원의 성장을 돕기 위해선 회원의 고초와 필요를 해결해 줄 수 있는 도우미 역할에 충실해야 합니다. 시장 정책과 제도의 개선과 거래 질서를 확립하고, 회원의 비즈니스 경쟁력을 지원할 수 있는 다양한 전문 교육과 연구개발 등 양질의 직·간접 서비스 개발과 활용에 충실해야겠습니다.

협회경영 혁신전략

그러나 회원의 복리만을 지나치게 고집하면 국가·사회와 갈등이 불가피하게 됩니다. 따라서 협회는 회원의 이익을 추구하되 소비자와 사회적 요구에 부응하면서 직업인의 책무와 윤리에 성실해야 합니다. 이렇게 직업윤리와 사회적 책무에 충실한 선진 시장으로 이끄는 활동들이, 회원의 복리 증진과 비즈니스 확장을 위해서 가장 효율적인 전략이라고 손꼽을 수 있습니다.

## 04) '서비스협회'의 목표와 실현 전략은?

첫째, 서비스협회는 회원의 복리 증진과 지도자의 리더십 향상에 천착해야 합니다. 회원의 삶과 직접 연결되는 정책과 사업의 성과를 이루기 위한 목표와 전략의 수립이 중요합니다. 회원의 신뢰와 지지를 얻기 위해서 지도자는 회원 중심의 정책과 전략을 기획하고 추진할 수 있어야 합니다. 시장의 거래 질서 확립과 윤리를 강화하고, 교육과 지식정보 등 분야별 전문 서비스로 회원의 비즈니스 경쟁력 향상을 위한 과제에 충실해야겠습니다.

둘째, 회장은 자신의 선택과 도전이 어떤 결과와 영향력을 가져오는지 정확히 파악하고, 실현해 낼 수 있는 지식과 경륜을 갖추고, 지도자로 나서야 합니다. 회장은 회직자와 사무처 직원이 열정과 긍지를 갖고, 비전과 목표를 달성할 수 있도록 지원할 수 있는 경륜을 지니고 있어야 합니다.

셋째, 정책과 사업이 '회원의 삶과 어떻게 연결되어 있는지' 항상 확인하고 신중하게 추진해야 합니다. 회원의 입장에 서서 회원의 시선과 사고로 문제의 본질과 해법을 바라볼 수 있을 때, 혁신도 회원도 성공의 길로 이끌 수 있을 것입니다.

2025년은 서비스협회로 혁신을 완성하고, 더 좋은 시장으로 선도하면서 국가·사회로부터 '신뢰받는 시장, 존중받는 회원'이란 회원의 염원을 달성해야겠습니다. 이를 위해서 윤리와 지식에 기반한 서비스 전문화로 소비자와 국가·사회로부터 전문직업의 이미지를 확장해 나가야겠습니다.

### 05) '서비스협회'의 성장 방향과 전략은?

'서비스협회'는 소비자 권익을 보호하고, 세상에 이바지하는 시장으로 가꾸면서 회원의 성장을 도모하고 있습니다. 특히, 이해관계자(회원, 소비자, 국가, 사회단체 등)들이 바라볼 때 '협회가 해야 할 일엔 충실하고, 하지 말아야 할 건 절대로 안 하는 모범 단체'라는 선한 이미지를 확립해야겠습니다.

훌륭한 평판과 신용을 쌓고 국가·사회의 지지 기반을 구축하는 것이, 기본이자 핵심 전략이고 목표입니다. 즉, 세상에 이바지하면서 소비자가 행복한 선진 시장으로 가꾸는 과정과 그 결과 속에서 '회원의 성장'을 도모하는 것은 가장 효율적인 전략입니다.

### 06) '서비스협회'의 혁신 방향과 전략은?

'서비스협회'로 바꾸기 위해선, 먼저, 조직의 목적을 달성할 수 있는 효율적인 제도와 시스템으로 정비해야 합니다. 그리고 '서비스협회'로 혁신을 이뤘다는 비전과 소신을 지닌 회장 리더십이 있어야 합니다. 이 두 가지 조건이 함께 만날 때, 가장 훌륭한 효능을 발휘할 수 있는 '서비스협회'의 건설에 성공할 수 있습니다.

이때 '서비스협회'의 품질과 수준은 지도자의 철학과 가치관에 의해서 좌우됩니다. 따라서 지도자의 인품과 리더십이 매우 중요하다는 점은 깊이 유의해야 합니다. 효율적이고 건전한 체제와 시스템을 설계하고 실현할 수 있는 지도자(회장)를 만나는 것이, 가장 중요한 조건입니다.

### 07) '서비스협회'로 혁신 조건은 무엇이 있나?

첫째, 회장의 비전과 리더십이 중요합니다. 변화를 주도하자면 직접 회원을 만나고, 토론할 수 있는 깊은 식견과 리더십이 있어야 합니다. 회원이 제기하는 비판의 논리와 주장을 정확히 파악하고, 핵심 논쟁 부분에서 언제라도 회원과 만나서 직접 소통하고, 이해와 설득의 리더십으로 포용할 수 있어야 합니다.

둘째, 회장은 임직원에게 혁신의 목표와 당위성을 바르게 인식시켜 주고 도전과 참여를 독려할 수 있어야 합니다. 혁신은 회원과 시장의 성장이란 대의명분이 명확해야 합니다.

셋째, 회장은 비전을 청사진으로 제시하고, 책임 있는 실무팀(사무처)을 구성해야 합니다. 우리 협회는 통상 'ㅇㅇㅇ특별위원회'를 구성하는데, 그건 지도자(회장)가 혁신에 관한 준비가 전혀 없을 때 시도하게 되는 무책임한 방법입니다. 절대로 성공할 수 없습니다. 하는 것마다 100% 실패라고 저는 단언합니다.

넷째, '서비스협회'의 청사진과 시나리오를 기획하고, 기한이 정해진 목표를 설정해야 합니다. 기한이 정해져 있어야 조직 구성원이 긴장 속에서 성실하게 추진하도록 만듭니다. 그래야 혁신을 주도하는 지도자도 성공에 이를 수 있습니다.

다섯째, 동기부여입니다. 실무팀을 지원하는 유인책(incentive)으로 동기를 부여하고, 실무팀 전원이 혁신에 전념할 수 있어야 합니다. 회장의 리더십과 전폭적 지지가 따라 줘야 합니다.

## 08) 혁신 과정에서 회장이 주의해야 할 점은 무엇인가?

첫째, 회원의 동의와 지지가 필수 조건입니다. 혁신은 회원의 이익과 행복을 위한 것으로 그 결실은 모두 다, 전 회원에게 골고루 돌아갑니다. 따라서 회장은 혁신의 필요성과 목표, 방법, 성과 등을 상세히 설명하고, 회원의 지지와 참여를 얻어내야 합니다.

둘째, 혁신 과정에서 윤리와 원칙에 충실해야 합니다. 혁신 과정에서 부정부패나 비리가 나타나면, 혁신 목표와 과제에 신뢰성과 당위성이 무너지고, 회원의 강한 의혹과 비난이 나타나게 됩니다. 회장은 항상 협회의 모범이 되고, 혁신에 관련된 모든 활동과 결정에서 공정과 윤리를 스스로 지켜나가야 합니다.

셋째, 혁신의 방향과 속도는 회장에 따라 달라집니다. 혁신은 집행부와 회원 간의 비판이나 갈등을 최소화하고, 공동체 의식과 협동 정신을 강화할 수 있는 절호의 기회입니다.

회장은 회원의 다양한 욕구와 기대에 부응하면서 효율적인 혁신을 완성할 수 있는 지혜와 소통 역량을 발휘할 수 있어야 합니다. 현장에서 부닥뜨리고 고민 속에서 경륜을 쌓고 학습으로 준비된 지도자만이 성공할 수 있다는 것은 당연하겠지요.

### 09) 혁신 에너지의 생성과 지원 방안은 무엇이 있나?

첫째, 제도와 시스템의 문제점을 정확히 파악하고 착수해야 합니다. 제도와 시스템이 혁신 과정에 장애물로 나타나면 혁신의 의지까지 떨어집니다. 둘째, 사무처 역량과 기능을 강화해야 합니다. 혁신을 추진할 수 있는 역량과 기능이 부실하면 혁신의 방향과 속도까지 휘둘리게 됩니다. 셋째, 혁신 성과를 유지·관리할 수 있는 역량을 갖추고 있어야 합니다. 혁신의 성과를 유지하고 발전시킬 수 있는 역량이 부족하면, 어렵게 성공한 혁신의 성과와 가치까지도 사라집니다.

혁신은 변화와 성장을 이끌 수 있는 지속적인 에너지가 요구되고 있습니다. 혁신이란 목표를 달성하고 나면, 또 다른 목표를 찾아 나서는 매력적인 속성을 지니고 있습니다. 지도자는 이러한 혁신의 속성을 잘 활용하여 항시적으로 혁신을 추구하는 조직 문화를 형성하고 단단하게 다져 나가야 합니다.

### 10) 혁신 동력과 속성을 유지·발전시킬 방안은 무엇인가?

혁신이란 어려운 과제입니다. 기존의 질서를 무너뜨리는 새로운 제도나 시스템이 도입되면, 그에 저항하는 다양한 비판과 반대가 나타나기 마련입니다. 그런 상황에서 지도자는 당황하거나 두려워하지 말고, 냉철히 대응하며 차분히 추진해야 합니다.

첫째, 새로운 제도나 시스템이 원활하게 작동하지 않거나, 회원들의 불만과 저항이 지속적으로 거세진다면, 신속히 수정하거나 보완해야만 합니다. 목표가 흔들리거나 무너질 수 있습니다.

둘째, 지도자는 혁신의 목표와 신념을 잊지 말아야 합니다. 혁신 과정에서 어려운 위기나 비판이 나타났을 때, 흔들리거나 타협해선 안 됩니다. 특히, 지도자(회장)의 신념과 의지가 약해서 흔들리게 되면, 혁신의 정체성과 방향까지 잃게 됩니다. 더 나가 목표마저 잃고 표류할 수 있습니다.

혁신이란 낡은 제도나 관습을 바꾸는 것입니다. 그러나 "무엇을 어떻게 바꿀 것인가?"라는 질문에 명확히 답할 수 없다면, 그런 혁신은 실패할 수밖에 없습니다. 혁신의 주체(회장)는 '무엇을 위해서 어떻게 바꿀 것인지?' 목표와 신념이 투철해야 합니다.

현재의 문제점과 해결책을 분명히 제시하고, 그 변화로 얻을 수 있는 가치와 이익 그리고 차이점(장단점)까지 설명할 수 있어야 합니다. 그 과정에서 회원의 지지를 얻는 과정과 노력이 매우 중요합니다. 혁신의 성공 비결은 '어떤 목표와 가치로 회원의 지지와 마음을 얻어 낼 것인가.'에 달려 있습니다.

## 11) 회원 경쟁력 강화를 위한 전략은 무엇인가?

우선, 시장 변화와 동향을 깊이 파악하고, 시장의 기능과 가치 속에서 회원의 성장과 미래를 준비해야 합니다. 전문지식보다도 직업윤리와 소양의 함양을 위한 교육을 강화해야겠습니다. 그 길이 소비자 보호와 고객 서비스 향상을 이루고, 회원의 전문성과 신뢰를 확장하는 길입니다. 회원과 협회에 중대한 과제입니다.

둘째, 시장과 소비자의 욕구와 기대에 부응하고, 선진 시장으로 성장할 수 있는 서비스 전문화에 나서야겠습니다. 공인중개사는 부동산 거래에 관한 지식과 정보로 전문성을 갖추고, 최신 지식과 추세의 활용으로 고객에게 유효한 가치와 서비스 제공으로 전문성 확장에 나서야겠습니다. 협회는 회원의 지식과 서비스 전문화를 확장하는 교육프로그램과 자격 인증제 등으로 전문성과 신뢰성을 강화하고 전문직업으로 이미지 제고에 나서야 합니다.

셋째, 시장의 공정성은 물론 거래의 전문성과 윤리 확립으로 소비자 권리와 이익을 보호하는 과제는 매우 중요합니다. 협회는 부동산 거래에 관한 법률과 윤리를 준수하고, 불법과 편법을 방지해야 합니다. 또한, 회원과 소비자 당사자 간 분쟁의 방지와 조율할 수 있는 역량도 요구되고 있습니다. 회원의 품위를 함양하기 위한 소양 교육과 소비자 고충 처리를 지원하면서, 공정하고 건전한 시장 문화를 조성해 나가야겠습니다.

이상의 세 가지 전략은 시장의 성장과 회원의 비즈니스 경쟁력 확장을 위한 기본이자 본질적 과제입니다. 그러나 체계적인 과정에서 부동산 시장의 발전과 세상에 공헌할 협회의 사명을 수행하고 그 과정에서, 회원의 권익 향상을 도모하는 데 있습니다.

### 12) 회원의 다양한 기대와 욕구를 어떻게 채워야 하나?

협회마다 특성에 따라서 '실무 정보·기술 지원 시스템'으로 회원의 비즈니스에서 활용할 수 있는 유효한 서비스가 중요합니다. 우리 협회의 경우, 수시로 변하는 부동산 공법, 세법 등이 바뀔 때마다 즉시, 요약 정리하여 쉽게 이해하고 활용할 수 있도록 지원하거나. 중개 사고 사례(공제사업부)를 분석하여 중개 사고의 유형과 특성을 정리하고 분석한 결과와 활용방안을 제시하고, 회원이 활용할 수 있도록 지원해야 합니다.

이러한 실무 지식·정보와 기술 서비스는 협회서 볼 때, 저렴한 비용의 투자로 하는 일이지만, 회원에게는 측정할 수 없는 무한한 가치를 얻을 수도 있는 서비스입니다. 이러한 필수 서비스를 즉시 시행해서 회원의 욕구와 기대에 부응해 나가야겠습니다.

### 13) 시장 제도 개선을 위한 정책과 전략은 무엇인가?

협회의 핵심 과제로서 가장 어려운 과제가 분명합니다. 시장의 불합리한 부분을 해소하기 위해선 제도(관련법)를 정비해야 합니다. 그러나 정책 당국이 앞장서거나 따라 줘야 가능한 것이 현실입니다. 따라서 어쩔 수 없이 정부 당국에 로비 활동이 필요합니다. 그러나 자칫 사회적 물의로 상처만 받기가 십상입니다.

협회경영 혁신전략

따라서 가장 좋은 방법은 제도(관련법) 미비로 나타나는 소비자 피해나 시장의 폐해를 발취하여, 세상에 이슈로 던져 주고, 그 해법까지 제시해서 사회적 공감과 지지를 얻어내는 방법입니다. 여론에 따라서, 정책 당국과 정치권이 스스로 나서게 만드는 방법이 가장 효과적인 전략인 것만은 확실합니다.

예를 들어 부동산 시장의 거래 질서와 소비자 보호 정책은 소비자나 협회의 의지만으로 개선하기는 매우 어렵습니다. 그러나 소비자 단체나 사회단체가 "소비자 문제다!"라고 세상에 이슈를 던지고 앞장서서 나설 때, 정책 당국과 정치권도 민감하게 반응하며 사안에 따라서는 즉시 나설 수도 있을 것입니다.

우리 협회도 이렇게 사회적 이슈로 제기하고 국가·사회로부터 자연스럽게 형성된 여론의 힘을 활용할 수 있다면 그렇게 어렵던 시장 제도와 정책의 개선을 수월하게 이뤄낼 수 있습니다. 이렇게 간단한 아이디어와 기획력이 저렴한 비용과 노력으로 우리의 목표를 이룰 수 있는 최상의 전략이 확실합니다.

## 14) 소비자 보호와 공정한 시장으로 성장하는 것이 어떻게 회원의 경쟁력 향상으로 나타날 수 있나?

저는 소비자 권익이 보호되는 공정한 시장으로 이끄는 것이 회원의 비즈니스 경쟁력 향상에 이바지 한다고 주장했고, 이를 확신합니다. 소비자의 신뢰와 만족을 얻어내기 위해선 회원의 전문성과 윤리 그리고 서비스의 품질과 수준을 높여야 합니다. 그것은 곧바로 회원의 경쟁력이자 시장의 신뢰로 이어지고, 소비자의 선호도 증가로, 회원의 수익과 명성도 올라갈 것입니다.

그러나 회원의 이익만 추구하고 소비자 보호와 사회적 책무와 공익성을 외면할 때, 세상의 시장 불신은 더욱 깊어지고 회원 경쟁력은 오히려 퇴행할 수 있습니다. 소비자가 행복한 선진 시장으로 발전하는 것이, 회원의 성장이란 결과로 나타날 수 있다는 사실을 인식하고, 우리는 이를 지지하고 협조해야 합니다.

그래야 수많은 현안 해결과 미래를 위한 다양한 정책과 전략을 수립하고 과감히 도전할 수 있습니다. 이런 전략은 국가·사회에 좋은 평판과 신뢰를 형성하면서, 회원과 시장에 대해서도 '신뢰와 선한 이미지'를 얻을 수 있을 것입니다.

## 15) 회원의 마음을 얻기 위한 전략은 무엇인가?

회원이 '나를 위하는 협회, 나의 협회'라고 느낄 수 있는 정책으로 자부심과 긍지를 주는 활동이 중요합니다.

첫째, 소비자에게 부동산 거래를 해야 할 때는 '공인중개사무소를 찾는 것이 이익이다.'라는 인식을 심어 줄 수 있는 홍보와 마케팅 과제를 성공적으로 수행해야 합니다.

둘째, 회원에게는 부동산 시장의 전문인이란 자부심과 긍지를 가질 수 있도록 비즈니스에 필요한 지식과 서비스 전문화로 경쟁력 향상을 지원하는 데 집중해야겠습니다.

셋째, 우수한 지식·정보 서비스의 제공으로 회원 만족도와 참여율을 높이고, 회원이 스스로 '공동체'로 뭉치게 만드는 것이 가장 중요한 핵심 전략이라고 할 것입니다.

## 16) 참신한 아이디어다! 좀 더 상세히 설명할 수 있나?

첫째, 소비자가 공인중개사무소를 찾아야 할 이유와 가치를 심어주는 홍보와 마케팅 전략은 매우 중요합니다. 소비자 보호와 건전한 시장 환경을 조성하는 데 필수 조건입니다. 직업인의 윤리와 전문성, 공정성을 바탕으로 한 사회적 신뢰를 구축하고 소비자가 기꺼이 공인중개사를 선택하고 활용할 수 있는 환경을 조성해야겠습니다.

따라서 전문성과 윤리에 기반한 사회적 신뢰와 신용을 높이 쌓아야겠습니다. 특히, 사회적 시선과 평판이 매우 중요한 이유입니다. 즉 공인중개사는 소비자에게 '직업윤리와 신의성실에 충실하다는 평판'을 조성하는 데 정성을 다해야겠습니다.

둘째, 전문직이란 인식과 이미지를 심어 줄 수 있는 서비스 전문화와 마케팅 전략에 집중하여야겠습니다.

어떤 분야든 전문성을 알리는 것은 매우 중요합니다. 사람들은 대체로 교수나 의사의 말에 귀를 더 기울이듯이 소비자는 전문인에게 의뢰하고 싶어 합니다.

따라서 '공인중개사에게 의뢰하는 것이 전문가에게 의뢰하는 것'이라는 인식을 심어주는 전문 서비스와 마케팅 전략이 필요한 이유입니다. 회원의 전문성을 확립할 수 있는 자원은 가득 쌓여 있어도 이를 활용하지 못하고 있다는 점은 매우 안타깝습니다.

그 사례로 우리 협회의 공제사업부에 가득 쌓여 있는 공제 보상심사 자료(사건 조서와 판례 등)를 활용하면 시장 거래 질서와 공정성, 윤리성 확립의 기반을 조성할 수 있고, 더 나가 소비자 피해를 방지할 수 있는 시스템 개발도 검토해 볼 수 있습니다.

또한, 다양한 사건과 사례가 소비자 보호와 피해 방지를 위한 '공익광고'에서 매우 중요한 자료로 활용할 수 있습니다. 이렇게 소비자 중심의 다양한 활동들이 시장과 회원 이미지를 쇄신하고 진문인의 이미지와 신뢰를 쌓을 수 있습니다.

셋째, 회원에게 '나의 협회'라는 긍지와 주인 의식과 믿음을 심어주어야 하겠습니다.

회원 스스로 '나의 협회'라고 느끼게 만드는 것보다 더 중요한 건 없어 보입니다. 정책과 서비스를 만드는 과정에 회원에게 참여 기회를 주어야 합니다. 주요 정책 결정을 위한 토론이나 세미나에 참여할 기회를 주고, 회원의 긍지를 채워 주는 활동들입니다. 자기 아이디어로 토론하고 교감하면서 만들어진 정책이나 서비스는 '나의 아이디어가 배어 있다.'라는 자부심으로 참여와 지지도를 높여 줍니다. 이렇게 회원의 소통과 참여가 활발할수록 '나의 협회'라는 자부심이 굳게 다져지고, 하나의 공동체로 묶어 주는 강력한 에너지가 생산될 것입니다.

## 17) 회원의 더 나은 삶을 위한 전략은 무엇인가?

지금도 우리 협회는 누란의 위기에 서 있습니다. 밝히지 못하는 부정부패와 비리, 지도자의 무능은 협회 고유 기능마저 무력화시키고 시장 제도와 질서는 아직도 난장판입니다. 회원의 고통이 깊어진 까닭입니다. 이를 해결하자면, 회원을 관리나 하는 협회가 아니라, 회원과 시장 발전을 위한 '서비스협회'로 바꿔야만 합니다. 이를 위해 회장이 할 일은

첫째, 협회가 목적을 이룰 수 있는 체제와 시스템을 갖춰야 합니다. 목표가 분명하고 현안을 극복하고 미래를 준비할 수 있는 역량을 갖추고, 양질의 서비스로 회원의 욕구와 야망을 채워 나가야 합니다. 특히, '회원은 관리의 대상이라거나, 아무리 소홀히 해도 떠날 수 없다.'라는 오만과 편협한 사고에서 벗어날 수 있도록 지도자의 잘못된 인식을 바꿔야 합니다.

둘째, 국가·사회의 부정적 이미지와 평판을 선한 이미지로 개선해야 합니다. 회장의 리더십 상실에서 나타나는 부정부패와 내부 분열, 회원과 소송 등으로부터 자유로워야겠습니다. 특히, 정부가 주관하는 제도와 정책에서 동반자의 입지와 역할이 요구되고 있습니다. 무조건 반대하고 나서, 그 정책을 고스란히 따르는 멍청한 지도자는 대정부 전략에서 백전백패를 불러왔습니다. 이렇게 부실한 리더십과 전략 부재로 나타나는 위기조차 감지하지 못하는 지도자와 사무처의 인식을 바꾸려면 임기응변으로는 절대로 안 됩니다. 문제의 근원을 찾아 새로운 정책과 전략으로 정부의 부정적인 인식부터 새롭게 바꿔야겠습니다.

그 대안으로 우선, 정부 정책을 무조건 반대부터 하고 나서는 무모한 태도부터 버려야 합니다. 긍정적 시선으로 상생과 협조를 위한 방향으로 대처하면서, 회원의 입지를 살릴 수 있도록 조율할 수 있는 실력을 갖춰야 합니다. 국가·사회를 향하여 '합리적이고, 과학적 논리'로 이해

시키고, 설득할 수 있는 논리와 힘을 갖추고 명분을 내세울 수 있도록 준비해야겠습니다.

이러한 대정부 전략의 근본적 변화는 국가·사회에 만연한 부정적 이미지와 평판을 개선하고 회원사회에 새로운 희망과 열정을 심어줄 것입니다. 그리고 회원과 시장에 새로운 이미지로 세상에 신뢰를 쌓을 것입니다. 이런 변화는 미련 없이 떠난 회원도 희망과 믿음으로 되돌아오도록 만들 것입니다.

## 18) 혁신 과정에서 회원의 지지를 얻는 방안은 무엇인가?

회원의 필요와 기대를 채워 주며 지지를 얻기 위한 네 가지 방안을 살펴볼 수 있습니다.

첫째, 정책과 서비스 목표는 항상 회원의 더 나은 삶과 성장에 있어야 합니다. 회원의 비즈니스에 유익한 정책과 서비스의 가치를 찾아서 실용적 비즈니스 지식과 정보를 실시간으로 제공하고, 시장의 거래 질서와 윤리의 확립으로 바람직한 비즈니스 환경으로 조성해내야 하겠습니다.

둘째, 시장 제도와 거래 질서의 개선을 위해선 시장에서 나타나고 있는 문제의 본질을 파악하고, 깊이 있는 분석과 해법으로 선진 시장으로 이끌어 소비자의 사랑과 사회의 신뢰를 쌓을 수 있는 공익성 확장을 솔선수범해야겠습니다.

셋째, 시장의 제도와 비즈니스 환경의 급격한 변화에도 수월히 적응할 수 있도록 회원의 지식학습과 비즈니스 역량을 지원해야 합니다.

이는 기획에서부터 물적·인적 자원을 투입해 체계적으로 준비로 추진해서 소기의 성과를 이뤄야겠습니다.

넷째, 현장에서 활용할 수 있는 비즈니스 실무 지식·정보를 실시간으로 활용할 수 있는 '지식정보지원시스템'을 신속히 구축하고 활용할 수 있도록 지원해야겠습니다.

### 19) 회원의 마음을 얻을 방안은 무엇인가?

회원이 매력을 느낄 수 있는 긍지와 자부심을 심어주는 정책과 서비스에 있다고 하겠습니다.

첫째, 회원의 삶과 미래를 위한 지원하는 활동만큼이나, 회원의 긍지와 자존심을 채워 주는 일도 매우 중요합니다. 소비자 보호와 거래 질서의 확립, 직업윤리 등으로 더 좋은 시장을 만들어, 국가·사회의 신뢰를 확장하는 자연스럽게 직업인의 자존심과 사회적 입지를 강화하자는 욕구까지 채워 줄 수 있습니다.

둘째, 협회가 '회원을 어떻게 대접해야 할 것인가?'를 고민하고 그 해법을 찾아 실천해야 합니다. 이건 '회원 복지와 서비스'에 관한 문제입니다. 시장에 건전한 질서와 환경을 유지 발전하는 제도 개선 그리고 비즈니스를 직·간접적으로 지원할 수 있는 교육과 지식·정보의 효용성과 가치가 회원을 움직일 것입니다.

셋째, 국가·사회로부터 '어떤 평판을 받고 있나?' 하는 문제입니다. '회원이 협회와 어떤 관계인가?' 하는 것만큼 '회원과 국가·사회와의 관계'도 매우 중요합니다. 먼저, 대외 활동에서 당당하게 주장할 수 있는 지식 기반 역량을 갖춰야겠습니다. 그리고 시장이 추구하는 가치와 윤리로 소비자가 행복한 시장이라는 평판을 얻어야겠습니다.

이런 활동들이 회원의 긍지와 자부심을 채워 주면서, 국가·사회의 신뢰와 지지받을 수 있는 건전한 시장으로 이끌어서, 회원 마음을 얻어 낼 수 있다는 점만은 분명하겠습니다.

## 20) 회원의 비판과 불만 해소를 위해 무엇이 필요한가?

회원의 불만과 비판은 부동산 정책과 제도 개선, 시장의 거래 질서 확립의 실패 그리고 내부에 만연한 부정부패로 나타나고 있습니다. 회원의 마음을 달래기 위해선 회장의 슬기로운 리더십이 요구되고 있습니다. 4차 산업혁명 시대에 부동산 시장의 핵심으로 부상한 '부동산거래정보망 시장'에서 '한방'은 삼류 브랜드로 떠밀려났습니다. 우리 협회에서 가장 심각한 과제의 하나입니다.

'한방'은 한국공인중개사협회가 운영하는 부동산매물정보서비스의 상호이자 브랜드입니다. 하지만 이 시장에서 경쟁력을 잃었다는 것은, 회원과 협회의 위기를 의미합니다. 협회의 경쟁력 기반까지 흔들리는 현상입니다. 이 문제는 회원의 삶과 비즈니스 활동에 직접 영향을 미치고 있습니다. 이렇게 회원과 협회에 중대한 문제일수록 신속히 해결해야 합니다.

자! 어떻게 해야 해결할 수 있을까요? 회장은 시장의 변화를 정확히 통찰하고 신속하게 대응하며 선도해 나가야 합니다. 부동산거래정보 망사업과 정책과 거래 질서, 교육, 연구개발, 복지, 사회적 입지 등 모든 분야에서 총체적 혁신으로 회원에게 희망을 줄 수 있는 역량을 발휘할 수 있는 지도자가 나타나야겠습니다.

* * *

이제까지 우리 한국공인중개사협회의 관리 체제에서 나타나는 부정부패의 깊은 폐해와 무능·무력한 현상을 살펴보며, '서비스협회'로 바꾸는 혁신 방안과 전략에 관하여 살펴봤습니다.

혁신의 궁극적인 목적은 회원 성장, 시장의 발전, 소비자 보호 그리고 국가·사회에 공헌에 있습니다. '서비스협회'가 추구하는 목표를 달성하기 위한 체제와 시스템을 갖추고, 리더십을 발휘할 수 있는 지혜와 역량을 갖춘 지도자가 앞장서서 기획하고 진두지휘하면서 혁신에 도전할 때, 소비자가 행복한 시장 선진화를 이루고, 그 결실 속에서 회원의 권익을 도모할 수 있겠습니다. 우리가 '서비스협회'로 혁신을 이루고, 회원의 더 나은 삶을 이끌어 줄 수 있는 건강한 '서비스협회'로 새롭게 출발해야겠습니다.

# 회원이 회비 납부에 인색한 까닭은 무엇인가?

### 01) 정회원이 줄고 있다는 건 알고나 있나?

회원이 줄어도 걱정하는 사람이 안 보입니다. 신규 회원이 협회에 가입하길 꺼리거나, 기존 회원이 떠나는 이유는 어디에 있을까요? 회원이 가입해야 할 매력이나 가치를 주지 못하는 건, 협회가 무능한 까닭이겠지요? 회원의 성장을 위해 '무엇을 어떻게 할 것인지?', '무엇으로 도움을 줄 것인지?' 고민하지도 않는 지도자에게 책임이 있다는 점은 분명합니다.

더구나 '회원이니까 당연히 가입한다.'라는 안일한 인식과 태도에서 나타난 문제이기도 합니다. 그러나 세상에 공짜는 정말 없습니다. 회원에게 유용한 가치로 매력은 주지 못하면서, 회원이 가입하고 지지해주길 바라는 것은, '씨앗도 뿌리지 않고, 추수나 하겠다.'라는 나쁜 심보가 아닙니까? 회원 스스로 정책과 서비스의 매력에 푹 빠져서, 등 돌리고 나올 수가 없는 정책과 서비스로 스스로 가치를 빛낼 수 있는 협회로 바꿔야겠습니다.

## 02) '매력 있는 협회'란 어떤 것인가?

사람이든 단체든 주어진 사명을 '제 때에, 정당한 절차와 방법으로 추진하는 것'이 가장 큰 매력이 아닐까요? 회원에겐 회비를 내고 공제조합에 가입은 하라면서, 정작 협회는 해야 할 일을 똑바로 못하는 건 너무나 큰 잘못이 아닙니까?

우리가 정말 분한 것은, 협회가 의지만 있다면 작은 투자로도 회원에게 큰 이익과 가치를 줄 수 있는 정책과 서비스가 무궁무진한데도 그 쉬운일도 하지 못하고 있다는 점입니다. 협회가 회원을 위한 정책과 서비스에 투자하는 비용은 적어도, 그 정책과 서비스의 성과가 회원에겐 줄 수 있는 효능과 가치는 창대하다는 점을 우리는 깊이 주시해야 합니다. 그 효능과 가치는 그 누구도 부인할 수 없을 것입니다.

사실 회원의 성장을 위한 정책과 서비스 활성화로 회원의 마음을 얻고, 그 마음들이 모여서 회원 공동체로 성장해 나가는 협회가 정말 좋은 협회입니다. 회원의 이익과 가치 증진을 위한 진취적인 아이디어와 활동들이 협회의 핵심 전략으로 빛날 수 있을 때, 회원에게 강력한 매력을 발산할 수 있습니다.

## 03) 우리 협회 정회원이 59.8%라는 것을 알고나 있나?

12대 회장 선거인 명부에서, 선거권자(정회원)는 62,786명이었습니다. (출처: 제12대 회장 선거 개표 결과) 정회원 중 59.8%만이 선거권이 있는 정회원이었습니다. 우리 회원으로 등록한 10명 중 6명입니다. 가입하지 않거나 회원의 의무(회비)를 다하지 않는 회원도 문제이겠지만, '이건 안 된다. 위기다!'라는 인식과 두려움조차 없는 지도자의 무지가 정말 큰 문제입니다.

'회원의 99%'가 정회원으로 가입하는 것을 '서비스협회'의 목표를 정하고 이를 꼭 달성해야겠습니다.

## 04) '회원 99%'가 정회원인 목표를 달성할 수 있나?

현실은 회원의 약 40.2%(선거인 명부에서 빠진 회원)가 협회에 등을 돌린 회원이라는 이야기입니다. 이들은 협회에 가입해야 할 매력도 가치도 없다고 느낀 사람들이지요. 이분들이 다시 관심을 가지고 다시 돌아올 수 있도록 협회가 먼저 변해야 합니다.

회원의 비즈니스를 지원하기 위한 성실한 정책 활동과 '이익이 보이는 서비스'로 매력이 넘쳐나는 협회로 바꿔야겠습니다. 이러한 쇄신 활동이 매우 어려워 보이지만, 사실은 '가장 쉬운 일을 우리가 못 하고 있다.'라고 저는 생각합니다.

이 문제는 '낫 놓고 기역 자도 모르는 사람'은 절대로 해결할 수 없습니다. 손에 쥐여 줘도 못합니다. 회원에게 이익이 되는 에너지(교육, 정보, 거래정보망 등 다양한 서비스)를 주고, 그 효능과 가치를 회원이 느끼고, 활용하고, 즐기자는 유혹을 뿜어낼 수 있는 매력을 발산할 수 있다면, 회원이 스스로 즐겨보자고 가입하고 회원의 의무와 책임에 충실할 것입니다.

예를 들어, 협회에 가입하는 비용이 100만 원인데, 회원이 협회에 가입함으로써 얻을 수 있는 이익 혹은 가치가 '300만 원 그 이상'이라고

협회경영 혁신전략

객관적으로 판단할 수 있을 때, 그 회원이 협회에 가입하길 망설일까요? 아니면 즉시 가입할까요? 사실 99%는 즉시 가입하는 것이 인지상정이 아니겠습니까?

결국, 이익과 가치가 담긴 서비스가 회원의 마음을 움직이는 힘입니다. 협회가 제공하는 다양한 정책과 서비스의 가치와 품질이 우수하고 실용적일수록 회원의 지지와 참여도가 상승할 것입니다. 회원의 지지와 참여를 이끄는 비법은 오직 하나입니다. 매력과 실용 가치를 담은 '서비스협회'의 건설에 있습니다.

## 05) 회원 협회 가입을 법으로 강제하면 되지 않나?

회원 가입을 법으로 강제하는 건, 협회의 유지·관리에는 가장 효과적인 방법입니다. 그러나 "회원 성장과 시장의 발전에 도움이 되는가?" 하는 질문에는 '아니오'가 정답입니다.

그건, 강제 가입이 '서비스협회'로 성장하는데 걸림돌로 작동하기 때문입니다. 우리 협회가 무능한 원인의 첫째는 회원의 성장과 시장 발전이란 사명의 수행에 소홀한 탓이었습니다. 둘째는 회원은 당연히 가입할 것이란 오만과 무지였습니다. 제 할 일은 하지도 않고, 회원에게는 의무와 책임은 다하라는 심보입니다. 회원의 고초를 해결할 방안은 찾지도 않고, 시장의 정책과 제도 개선 활동도 제대로 추진하는 모습도 보여 주지 못했습니다.

이런 무지와 미련이 가장 두렵고, 치유도 어려운 고질병입니다. 사실, 회원이 책임과 의무를 요구할 수 있는 단일 협회의 강점이 오히려 회원과 시장을 바라보는 협회의 시각과 태도를 오만하고 나태하게 만들어 버렸습니다. 제 할 일조차 제대로 고민할 필요가 없도록 만들어 버린 비극적 사실을 우린 체험했습니다.

물론, 그 문제는 지도력 수준에 의한 것으로, 회장의 책임이 가장 큽니다. 협회에서 불거지는 문제점은 제도나 시스템의 결함으로 나타나는 것들이 매우 많습니다. 그걸 뿌리까지 쇄신하거나 개선할 수 있는 탁월한 지도자가 없었습니다.

단일 협회의 사례로는 '전국부동산중개업협회'의 아픈 역사가 문제점과 실상을 잘 보여 줬습니다. 협회가 무능하고 무슨 짓을 해도 책임은 없는데도 회원은 회비나 내고 통제받아야겠습니까?

사실 강제 가입이 아닌 회원이 스스로 참여하고 지지할 수 있는 '서비스협회'로 작동할 수 있을 때, 회원 99.9%가 가입하고 하나의 공동체로 뭉쳐질 수 있다고 저는 믿습니다.

## 06) 공제조합 가입률이 낮은 원인은 무엇인가?

우리 협회의 공제 사업도 깊은 위기에 빠져 있습니다. 지금 많은 회원이 협회의 공제 사업에 가입하지 않고 있습니다. 어떻게 회원이 협회를 등지고 살아갈까요? 상상할 수 없는 일들이 우리 협회에서 벌어지고 있습니다. 도저히 믿기도, 이해하기 어려운 것이 우리 현실입니다. 이제 공제 사업도 회원의 가입만 독려할 것이 아니라, 회원에게 이익과 가치를 주는 서비스로 신뢰를 얻어야 한다는 점을 살펴보면 해법은 저절로 나올 것입니다. 공제조합 회원 가입률 99%를 목표로 세우고 이를 달성해야겠습니다.

## 07) 회원이 협회를 떠난 이유는 무엇인가?

"협회에 어떤 희망도 기대할 수가 없다. 나 혼자서도 잘할 수 있다. 협회가 나에게 해 준 것이 무엇이냐? 회원을 위해 일하는 건 못 봤다! 회직자가 자리나 사사로운 이권 싸움으로 지새운다. 앞으로도 그럴 것이다."라는 회원의 아우성들입니다. 무능한 협회에 대한 분노와 배신감이 그 원인이 아닐까요?

이제 협회의 진면목(眞面目)을 제대로 보여 줘야겠습니다. 부실한 정책과 제도의 개선과 공감할 수 있는 기획과 전략으로 회원의 야망과 욕구를 채워 줘야겠습니다. 회원의 권익을 챙기면서 헌신과 청렴의 지도자가 회원이 꿈을 펼칠 수 있는 선진 시장으로 이끌어서 회원의 여망을 채워 나가야겠습니다. 회원이 떠나간 진짜 이유는 '회원의 꿈과 야망을 채워 주는 지도자가 없었기 때문이었다.'라고 진단할 수 있겠습니다.

## 08) 떠난 회원들이 돌아오게 할 방안은 있나?

실의와 분노에서 떠난 그들은 협회에 대한 기대도 미련도 버린 사람들입니다. 부정부패가 난무해도 조사하거나 책임지는 사람도 없는 체제와 시스템의 결함과 지도자의 무능한 리더십에서 나타났던 현상들이 이어졌습니다. 우리가 떠난 회원들을 탓할 수도 없는 현실이 너무 참담합니다. 이제 협회 지도자가 시도할 방법은 단 하나뿐입니다. 떠난 '회원들이 스스로 돌아오게 만드는 것'이 유일한 방법입니다.

매우 어려운 과제인 건 분명합니다. 그러나 '가장 쉬운 일'이기도 합니다. 회원의 입소문은 매우 정확하고 신속합니다. 회원의 입소문(서비스협회)으로 돌아오게 만들어야 합니다.

### 09) 그 어려운 과제를 수행할 수단과 전략은 무엇인가?

사실 이 문제로 고민하는 사람은 찾아보기 어렵습니다. 그러나 저는 해결하는 방법과 전략을 알고 있습니다. 그 방법은 아주 간단합니다. 회원이 원하는 것도 아주 단순하고 간단합니다. '자신의 희망과 욕구를 채워 달라.'는 것입니다. 그걸 채워 줄 수 있는 비전을 청사진으로 제시하고 그대로 실현해 낼 수 있을 때, 회원의 마음을 움직일 수 있습니다. 이는 회원 통합을 위한 유일한 수단이기도 합니다. 회원의 야망을 채워 줄 수 있는 공통 목표를 추구하고 이뤄가는 데 있습니다.

### 10) 회원의 마음을 여는 비결은 무엇인가?

아주 쉽습니다. 우선 회원을 관리하고 통제한다는 생각부터 버려야겠습니다. 회원 성장과 시장의 발전을 목표로 삼아 매진하는 태도와 열정이 중요합니다. 시장 정책과 제도 개선을 이루고, 회원 성장을 위한 품격 있는 전문 서비스로 회원에게 실질적 이익과 가치를 채워 주는 성실한 활동에 답이 있습니다.

첫째, 협회의 일상에서 주 업무를 회원의 성장을 지원하기 위한 서비스 시스템으로 바꾸어야 합니다. 둘째, 회장의 회원 사랑과 사명감이 진실해야 합니다. 회원을 사랑하는 회장이 '서비스협회'를 운영할 때 가장 매력 있는 협회로 성장할 수 있습니다. 회장은 자연스럽게 회원의 마음을 얻어내서 리더십을 확장할 수 있고, 회원에게는 행복한 삶을 지원할 수 있는 '서비스협회'로 발전시켜 나갈 수 있을 것입니다.

## 11) 회원이 행복한 '서비스협회'를 만들 수 있나?

우리 협회는 현재 임직원까지 심각한 패배주의에 빠져 있다고 진단할 수 있습니다. 우리는 37년이란 긴 역사에서 '빛나는 승리나, 승리다운 승리'를 단 한 번도 만나보지 못해서 나타나는 자연 현상입니다. 사실 지금까지 운용되고 있는 '관리협회'로는 우리 협회의 목표를 이루기가 어렵습니다. 지도자가 목적을 이루기위한 목표를 설정하고 도전할 때, 우리도 승리의 기회를 만날 수 있습니다.

그러나 우리가 명확한 목표를 향한 정책과 전략으로 준비하고 도전한 지도자의 성공 사례를 찾아볼 수 없습니다. 도전할 목표가 없는 지도자가 누구를 위해서, 무엇을 할 수 있겠습니까? 이제 회원 성장과 시장의 발전이란 담대한 목표를 향해서 도전하고 성취할 수 있는 지도자가 앞장서서 '서비스협회'의 새 역사를 창조해야겠습니다.

# 02

## '지부 자치' 왜 해야 하나?

# '지부 자치'는 어떤 가치와 목표를 추구하는가?

우선 '지부'가 무엇인지 용어를 설명하겠습니다. 우리 협회의 조직 구조는 중앙에 '사무처'를 두고, 각 시도 단위 조직을 '지부'라 칭하고, 시·군 조직을 '지회'라고 합니다. 일부 협회는 시도 단위를 '지회'라 칭하고, 시·군 단위 조직을 '지부'라고 칭하기도 합니다. 우리 협회에서 '지부'는 특별시와 광역시, 도 단위의 행정구역별로 세운 조직으로 우리 협회의 중추적 기구입니다.

따라서 "지부를 어떻게 조직하고 운영할 것인가?", "그 목표는 무엇인가?"라는 질문과 해법은 매우 중요합니다. 또한, 지부 자치의 성과는 곧바로 사무처 성과로 이어지고, 더 나가 회장의 권위와 리더십에도 크고 작은 영향을 준다는 점에서 '지부 자치'의 의미와 가치가 더욱 중요한 이유입니다.

지부 사무국은 회원 복지와 행정, 거래 질서와 윤리 확립을 위한 비즈니스 환경을 주도하면서 회원과 소통으로, 시장 제도와 정책, 거래 질서와 회원의 고초와 문제점을 찾아 개선하거나 건의하고 제안하는 활동과 역할로 협회에서 매우 중요한 기구입니다. 현장에서 필요한 건 지원하고, 막힌 곳은 뚫고 나갈 수 있는 '지부 자치'로 미래를 선도해 나가야겠습니다.

## 01) '지부 자치'는 무엇이 다른가?

지부 자치는 기업의 '자율 경영 체제'에서 착안했습니다. 지부에 자율성과 책임을 부여하고 지역의 특성과 상황에 따라 운영할 수 있는 권한을 주고, 그 결과에 책임지는 시스템입니다. 각 지부가 스스로 장단기 목표를 정하고 도전할 수 있습니다. 지부장이 진취적인 성장을 모색할 수 있도록 지원하고 있습니다. 또한, 지부 간에 경쟁에서 성공한 정책과 전략의 세부 과정과 그 결과를 공유하며 학습하고, 성장할 수 있는 조직 문화의 형성으로 회원 성장과 시장의 내실도 기대할 수 있습니다.

첫째, 지부의 한정된 자원을 투입하고 "좋은 성과를 얻을 수 있는가?", "더 나은 성과를 얻을 방안은 무엇인가?"라는 질문에서 더 나은 해법을 찾고, 피드백에 충실해야겠습니다.

둘째, 지부의 모든 의사 결정은 항시 "회원 성장과 결속을 위한 목표에 적합한가?"라는 질문으로 정책의 방향성과 해법을 찾아야 한다는 기준을 세우고 지켜야겠습니다.

셋째, 회원 성장을 위한 교육과 한방 등 다양한 사업과 전문 서비스 개발로 비즈니스 활동의 지원에 성실해야 합니다.

넷째, 자부 자치의 꽃은 '회원 공동체 완성'에 있습니다. 회원이 스스로 지지하고 참여할 수 있는 정책과 환경을 조성하고, 회원도 모르는 사이에 '회원 공동체'로 뭉쳐지도록 이끄는 것이, 지부 자치에서 최상의 전략이자 꽃이겠지요? 이런 담대한 성공은 '지부 자치'에서만 가능한 일입니다.

### 02) 지부 자치와 회원 서비스 시스템

협회는 회원의 욕구와 필요에 즉시 반응해야 합니다. "언제 어디서든 지 회원이 원하는 상품과 서비스에 만족을 주기 위해서 무엇을 어떻게 개선할까?", "회원의 욕구를 어떻게 채워 줘야 기쁨을 줄 수 있을까?" 이런 질문과 고민 속에서 지부 운영의 목표는 '회원 성장과 서비스'를 지향해야 합니다.

협회의 제품(정보 사업, 공제 사업, 교육 등)과 서비스 품질은 회원이 경험하고 평가할 수 있습니다. 특히, 직원이 회원을 대하는 태도가 '협회 이미지'로 기억되는 점입니다. 그러므로 회원을 담당하는 직원의 마음가짐과 태도, 회원의 고충이나 민원을 해결하는 속도와 수준에 조화를 이루는 것이 매우 중요합니다.

회원이 경험하는 서비스 시스템이 지부 자치의 성패를 가름하는 과정이 될 것입니다. 지부 사무국 직원의 회원을 대하는 태도와 이미지 교육에 철저해야겠습니다.

### 03) 회원 서비스 시스템이란 무엇인가?

회원의 요구에 항시 "예스(yes)."라고 답할 수 있도록 준비해야 합니다. "언제 어디서 어떤 방법으로 회원이 원하는 정보와 서비스를 전달할 수 있을까?", "그 시스템은 어떻게 설계해야 효율적일까?", "회원이 욕구를 어떻게 지원해야 기쁘게 할 수가 있을까?"라는 질문들 속에 담긴 사고와 시선에서, 회원의 성장과 경쟁력 향상을 위해서 설계한 것이 바로 회원 서비스 시스템이라고 설명할 수 있겠습니다.

회원이 서비스를 만나는 시점에 최상의 서비스를 경험할 수 있도록 하기 위해선 좋은 서비스 시스템과 직원의 역량과 태도가 조화를 이뤄야 합니다. 서비스 시스템의 성패는 지부가 결정합니다. 지부 자치를 해야 할 중요한 이유 중의 하나입니다.

### 04) '지부 자치'의 핵심 과제는 무엇인가?

첫째, 지부에 위임된 권한을 활용해서 양질의 행정과 서비스로 회원의 다양한 욕구나 문제를 해결하여 회원의 경쟁력을 지원하는 데 있습니다.

둘째, 효율적인 행정과 서비스로 회원의 지지와 신뢰를 얻어, 회원 화합과 결속을 이뤄내는 것, 즉 '회원 통합'을 이루는 것이 지부 자치의 꽃이라 할 수 있습니다.

셋째, 각 지역의 특성에 적합한 사회 활동으로 지역사회에서 좋은 이미지와 신뢰를 쌓고, 대외적으로 강력한 영향력을 발휘할 수 있도록 성장하는 데 있습니다.

### 05) '지부 자치'를 구상하게 된 동기는 무엇이었나?

'지부 자치'는 필자가 제5대 충청남도 지부장으로 역임하던 때부터 느끼고 고민했던 과제로 아주 오래된 숙제였습니다. 협회의 사명(목적)을 달성하고 회원의 사회적 입지를 강화하는 길은 '지부 자치'에서 시작된다는 믿음에서 고민하였습니다. 회원 성장을 위해선 실용적인 서비스를 지원하는 게 협회의 본질이자 목표여야 한다는 믿음이었습니다.

회원의 비즈니스에 우수한 서비스 지원은 회원의 전폭적 참여와 신뢰를 얻어 낼 수 있는 비장의 무기입니다. 회원의 자부심과 긍지를 다져 줍니다. 지역사회에서 공헌하며 회원의 끈끈한 결속을 다질 수 있는 지부 자치가 협회의 성장도 이끌 수 있다는 믿음이었습니다.

## 06) 현 체제를 유지하면서 '지부 자치'가 가능한가?

역대 회장 선거에서 많은 후보자가 '지부 자치(독립채산제)'를 공약했지만, '지부 자치'는 아예 손도 대지 못했습니다. 선거에서 공약은 했지만 '지부 자치'가 추구하는 목적과 그 가치의 본질을 이해하질 못했기 때문이었습니다.

전혀 모르는 문제를 공약으로 내세운 것이지요, 거기다 '지부 자치'는 지부에 많은 권한을 위임해야 하는데 그 위임이 자신(회장)의 권한을 빼앗긴다고 여기는 무지와 불안감도 큰 걸림돌이었었다고 진단할 수 있습니다. 회장의 권한을 나눠야 할 이유를 모르는 무지와 욕심도 작동했습니다.

실패의 본질은 자신이 공약한 '지부 자치'를 실현해야 할 이상도 의지도 없었고, 의미와 가치도 모르는 데 있었습니다. 더구나 지부 자치를 실행할 방법도 몰랐습니다. 현행 '관리협회'에서는 '지부 자치'를 실현하자면 정관부터 개정해야 가능합니다.

## 07) 현행 지부 체제와 '지부 자치'의 차이점은 무언가?

현행 지부 운영 체제와 '지부 자치'는 크게 다릅니다. 현행 체제는 중앙사무처가 전권을 가지고 지부를 지시하고 통제하는 시스템입니다. 지부의 운영에서 독자적인 자율성이 제약받고 있습니다. '지부 자치' 체제로 바꾸자면 정관에서 지부와 사무처의 업무영역과 운영 목표를 대폭 조정해 정비해야 합니다.

우선 회원 서비스와 관리에 관한 권한은 대부분 지부로 위임해야 합니다. 사무처는 회원의 성장과 시장 발전을 위한 제도와 정치·사회적 환경 변화 등을 중심으로 정책, 연구개발, 기반 사업(공제, 거래정보망) 등 중장기 사업을 관장하고 지부 자치를 지원할 수 있는 전담 부서를 신설하여, 체계적인 지원 시스템을 갖추고 고유의 기능을 개발하고 지원해야 합니다.

지부는 협회의 목적과 장단기 정책과 전략에 부응하고, 시장의 거래 질서 확립과 지역사회에서 공헌 활동 등으로 회원 성장(경쟁력 향상)을 위한 서비스 활동에 집중하도록 설계돼야 합니다. 특히, 지부는 '회원 화합과 결속'이 가장 중요한 과제입니다. 회원의 비즈니스 역량 향상과 거래 질서, 환경에서 나타나는 회원 고초에 관한 문제를 회원과 해결 방안을 마련(講究)해 나갑니다.

## 08) '독립채산제'와 '지부 자치'의 차이점은 무엇인가?

지부 독립채산제는 지부가 사단법인으로 법원에 등록하고 지부장이 지역협회의 회장이 되는 겁니다. 법적으로 독립된 조직으로 예산과 재정, 기획, 홍보, 연구개발 등 모든 기능을 지부가 독자적으로 운용하며, 중앙의 통제를 벗어나 자유롭지만, 중앙회장의 리더십과 협회와 결속력이 허약해지는 것이 큰 단점입니다.

특히, 부동산 시장 정책과 제도의 부실로 나타나는 회원의 고초와 위기가 산적해 있습니다. 척박한 거래 질서에서 나타나는 난제들을 극복하고, 수습하기엔 어려움이 따르는 체제입니다. 우리 협회와 회원은 누란의 위기에 처해 있어, 강력한 결속력과 지혜로운 리더십이 절실한 때입니다.

독립채산제는 협회의 힘과 정책, 전략이 일순간 무너지고 분열할 수 있는 위험이 도사리고 있습니다. 2020년 협회가 외부에 용역을 의뢰한 '협회조직경영진단보고서'에서도 독립채산제에 부적격 의견을 적시하고 있었습니다.

지부 자치는 양질의 서비스와 정책으로 회원의 성장을 지원하고, 회원을 하나의 공동체로 뭉치는 데 가장 효율적입니다. 그 청사진과 로드맵까지 이미 기획하고 준비가 돼 있습니다.

'지부 자치'와 '독립채산제'는 전혀 다르다는 점을 우리가 정확히 알고 추진해야겠습니다.

협회경영 혁신전략

## 09) 회원 서비스와 지부 자치가 혁신의 꽃인가?

저는 그렇다고 생각합니다. 협회가 회원을 관리하고 통제하는 울타리를 벗어나, 회원 성장을 지원하는 서비스 중심의 '지부 자치' 실현은 혁신의 꽃이 분명합니다.

각, 지부마다 지역의 특성과 환경에 따라 운영할 수 있는 권한과 다양한 회원 서비스 활동을 스스로 기획하고 추진할 수 있는 권한과 기회를 얻는 것입니다. 일부에서 지부 자치의 실시로 재정적 어려움을 걱정하는 분도 많은 것 같습니다.

그러나 지부의 재정은 사무처의 영달 금에만 의존할 것은 아닙니다. 지부의 다양한 서비스나 사업에서 새로운 재원도 창출할 수 있어야 합니다. (사무처가 지원할 책무) 회원이 하나의 공동체로 뭉쳐서 성장 의지로 길을 찾아 나설 때, 지부도 중앙회도 파격적 성장의 기회를 창출할 수 있습니다.

'지부 자치'는 회원을 하나의 공동체로 단단히 묶어 내고, 회원과 시장 번영의 초석을 다집니다. '회원 서비스와 지부 자치'는 가장 빛나는 '혁신의 꽃'입니다.

## 10) 회원 서비스가 협회의 본질이라 했는가?

부동산 시장 정책과 제도에서 나타나는 문제들로 인해서 회원에게 고초가 있다면 이를 바로잡아야 합니다. 이때 현장에서 신속히 대처할 수 있는 기능을 발휘할 수 있는 것이 바로 '지부 자치'입니다. 시장에서 효율적인 서비스로 회원의 비즈니스 활동을 지원하며 공동체로 결속하고, 지역사회에 선한 영향력을 행사할 수 있는 역량을 배양하는 것이 '지부 자치'의 주요 목표입니다.

정치·사회적 영향력이 강력한 단체일수록 국가·사회의 관심과 배려가 깊어집니다. 이런 관심과 배려는 회원 결속과 지역사회에 공헌하는 '지부 자치'의 도입과 효율적 운영으로 우리도 만들 수가 있습니다. 회원 서비스와 '지부 자치'는 회원의 비즈니스를 지원하고, 실효성에서 회원의 신뢰와 지지를 확장해야 합니다. 회원의 신뢰와 지지가 공동체로 묶어서, 건강한 협회로 성장할 수 있는 기반을 다져 주는 '지부 자치'가 기본입니다.

### 11) '지부 자치'가 시장에 변화를 줄 수 있다고 보나?

그럴 수 있다고 봅니다. 회원이 원하는 건 '원칙과 질서가 있는 공정한 시장에서 회원이 노력하는 만큼 성장할 수 있는 시장'입니다. '지부 자치'는 회원이 자아 개발로 더 나은 삶을 추구할 수 있는 정책과 서비스를 지원한다는 목표에서 설계하고 준비한 것입니다. 지부 자치가 추구하는 것은, 회원의 전문지식과 직업윤리의 함양으로 소비자에게 전문지식과 노-하우를 담은 서비스로 고객에게 전문인 시장으로 성장하는 데 있습니다.

이게 결코 어려운 과제는 아닙니다. 회원의 꿈과 야망을 위해 도전하는 만큼 비즈니스 현장과 사회에서 더 좋은 환경과 입지를 우리가 마련해 나갈 수 있습니다. 공정하고 건전한 시장으로 선도할 수 있는 무기는 바로 회원의 성장에 있습니다. 전문지식과 윤리, 노-하우 그리고 신의성실로 채워진 '서비스 전문화'를 추구하는 '지부 자치' 체제가 회원과 시장의 발전을 이루고, 협회의 미래를 선도할 것입니다.

'지부 자치'의 목표는 회원의 전문성과 윤리의 향상이 빚어낸 전문 서비스로 선진 시장으로 선도하는 활동으로 회원과 협회의 대외 경쟁력 향상에 강력한 영향력을 발휘할 것입니다.

## 12) 지부 자치가 회원의 경쟁력에 도움을 줄 수 있나?

지부 자치에서 얻을 수 있는 중요한 가치와 성과는 바로 지부와 지부 간의 경쟁에서 나타나는 '회원 서비스 향상과 회원 통합 에너지'를 생산하는 데 있습니다.

예를 들어서, 특정 지부에서 우수한 사업이나 서비스를 실행하고 성공하였을 때, 회장은 그 성공 사례를 발표하고 포상하면서, 특별한 정책과 재정으로 지원하면서 그 지부를 선망의 대상으로 만들어 줘야 합니다. 그리고 성공 과제(정책)의 기획과 실행과정에서 나타난 문제점 등을 세세히 공개하여 다른 지부도 쉽게 도입하고 활용할 수 있도록 공유하고 지원하는 데 있습니다.

이렇게 성공한 지부의 혁신 사례를 전국에 확산하는 리더십이, 협회의 혁신을 일상화로 이끌어서 대내외 경쟁력을 향상하는 최상의 전략입니다.

회장은 지부의 성공 사례를 발굴하고 장려하기 위해서, 지부 성공 사례 경연대회를 정례화하고, 협회의 최대 잔칫날로 준비해야 합니다. 이런 변화에 지부장과 사무국은 깊은 관심과 '우리가 더 잘하자.'라는 선의의 경쟁의식을 고취하며, 진취적인 혁신에 정진하는 현상이 이어질 것입니다.

매년 '지부경영혁신경연대회(가칭)'를 협회의 가장 중요한 최대 행사로 정착시켜서, 협회에 창조와 혁신 그리고 도전을 장려하는 진취적인 조직 문화를 확립해 나가야겠습니다. 그리고 우수한 아이디어로 도전했으나 실패한 사례도 발굴하여 그 원인과 과정을 심층 분석하고 더 큰 성공의 기회를 탐색하면서 도전할 수 있도록 실패 사례도 공개해야 하겠습니다.

지부 자치의 강점으로는 각 지부 성공 사례를 확산시키고 더 큰 성공을 기약할 수 있는 '창조와 혁신, 도전과 회원 결속'으로 회원의 성장과 협회의 발전을 이끄는 데 있습니다.

## 13) '지부 자치'로 나타날 변화는 무엇인가?

첫째, 지부장의 경영과 리더십을 고민하는 모습이 나타나고, 스스로 찾아서 학습하는 태도가 일상화될 것입니다. 이제까지는 회장과 사무처가 지시하는 일상 업무만 수행했습니다. 스스로 고민하고 학습할 필요가 전혀 없었습니다. 시키는 대로만 하면 되었습니다. 그러나 '지부 자치'를 실시하면 19개 시·도 지부에는 보이지 않는 경쟁이 치열해질 것입니다.

잘 달리는 말에 채찍질을 더하라고 했습니다. 매년 지부별 경영 실적을 구체적인 수치와 데이터로 평가하고 우수한 시·도지부의 사례를 선발하고, 특별한 포상과 격려로 혁신과 창조를 선도한 지부가 빛나는 잔

첫날로 만들어야겠습니다.

둘째, 매년 '지부경영혁신경연대회(가칭)'를 열고, 지부경영 성공 사례를 발굴해서 확산할 때, 임직원을 비롯한 회직자의 소명감과 리더십도 큰 변화가 보이게 될 것입니다. 특히, 지부장은 지부경영에 관한 치열한 고민과 학습으로 창조와 혁신을 위해 고민하며 최선을 다할 것입니다. 이런 변화는 회원의 이익과 서비스로 나타나고, 협회에 강력한 열정과 에너지를 생산합니다. 거기서 회원 서비스 활동이 더욱 탄력을 받아, 더 좋은 아이디어들이 자꾸자꾸 나타날 것입니다.

셋째, 지부는 회원의 필요와 욕구를 챙기고 어렵고 힘든 문제를 파악하여, 회원의 고초를 챙기거나 지원할 수 있는 장점과 강점을 지니고 있습니다. 즉, 체계적인 지부 자치 시스템은 회원 성장과 시장의 거래질서 확립으로 회원의 신뢰를 받는 협회로 성장할 수 있는 매우 든든한 기반입니다.

넷째, 지부장과 회직자가 지도자(경영자)로서 갖춰야 할 소양과 경륜을 쌓을 수 있는 학습과 훈련의 장이자, 훌륭한 지도자로 성장할 수 있는 지식과 경륜을 쌓을 수 있는 훈련 기능도 내포하고 있습니다.

## 14) '지부 자치'가 회원 가입과 회비 수납의 해법이 될 수 있나?

회원 가입과 회비 문제는 '협회가 변해야 해결할 수 있다.'고 생각합니다. 요즈음 밴드 등에 회비 인상 문제를 던지는 분이 있습니다. 회원의 선의에 따라서 회비는 더 올릴 수 있습니다. 그렇다고 회비 내지 않는 회원을 비난만 할 수도 없는 것이, 우리의 자화상입니다. 회원의 가입과 회비를 종용하기보단 회원 스스로 선택할 수 있도록 협회가 먼저 회원에게 성실한 태도와 성과를 보여 줘야겠습니다.

사실은 '내가 내는 회비보다 혜택이 훨씬 더 많다.'라고 회원이 인정할 수 있는 정책과 서비스로 '회원에게 이로운 협회'로 인정받는 것이 가장 중요합니다. 그때는 회원에게 가입하지 말라고 아무리 말려도 스스로 가입하고 충성하게 되는 겁니다. 회원에게 이로움을 주는 활동이 바로 '지부 자치'의 목표이자 강점입니다. 협회가 재정이 어렵다고 '회비를 더 내라!'고 하면 비난이나 저항이 나타나기가 십상입니다.

그러나 회원 스스로 정책과 서비스의 효용성과 가치를 인정할 때는, 협회가 추진하는 모든 사업과 과제에 열정적으로 참여하며 적극적으로 나서서 지지할 것입니다.

### 15) 회비가 너무 적다는 지적도 있는 게 사실 아닌가?

우리 협회는 회비는 너무 조금 받고 있습니다. 회원의 복지와 서비스에 소홀한 것도 사실입니다. 문제는 협회가 해야 할 일은 똑바로 하지 못하고 있다는 점입니다.

회비의 인상을 논하기 전에, 더 좋은 정책과 더 큰 가치를 주는 서비스로 회원에게 희망을 주는 협회로 변해야 합니다. 즉 회원이 부담하는 비용과 비교도 할 수 없는 훌륭한 복지 정책과 고품질 서비스를 제공하고 회원 스스로 참여하고 성원할 수 있도록 협회가 먼저 변해야 하겠습니다. 그게 바로 회원의 마음을 얻는 지름길이자 성공의 길입니다.

그동안 집행부는 협회 재정을 엉뚱한 곳에, 멍청히 써 버리면서 지도자의 지도력까지 망가뜨려 왔습니다. 회비로 만들어진 협회 재정은 회원의 삶과 비즈니스 환경을 개선하는 데 가장 먼저 배치해야 합니다. 그리고 재정을 투입한 성과가 나타나는 걸 회원이 볼 수 있도록 사용해야겠습니다.

## 16) 그걸 어떻게 보여 줄 수 있나?

그게 참 어려운 일입니다. 그러나 저는 '회원 복지와 서비스 사업 부문에 총예산의 10~20%를 우선 배정하자.'라는 아이디어가 떠올랐습니다. 그렇게 예산을 배정하는 게 옳다고 생각합니다. 이는 예산 총액에서 회원 복지와 서비스, 회원 비즈니스 성장지원 사업에 우산 투입할 수 있는 예산 수립의 원칙을 세우고 회원의 성장을 지원하는 방법을 규정하자는 데 있습니다.

현재 재원이 부족하다고 미래를 준비하지 않고, 회원 복지와 서비스마저 포기한다면, 회원은 물론 협회마저 망가지게 되는 겁니다. 우리 협회의 전년도 예산(2023년)을 살펴봐도 우리의 재원은 전혀 부족해 보이지 않습니다.

문제는 '회원을 위해 돈을 쓰지 않는다.'라는 지적과 효율적 예산을 편성하였으나 엉뚱한 곳(모래밭?)에 쏟아 넣고, 회원의 의혹과 비판만 증폭시켰다는 점에 있습니다. 또다시 부정부패에 관한 의혹이나 불신이 나타나선 안 됩니다.

## 17) 회비를 올리면 더 좋은 서비스를 기대할 수 있나?

우선 회원의 성장과 시장 제도와 거래 질서 확립에 필요한 돈은 부족하지 않아야 합니다. 할 일이 많을수록 더 많은 돈이 필요한 건 당연합니다. 그러나 회비를 올리는 문제를 제기하는 것보다 회비 미납 상태부터 개선해야겠습니다. 미납이 많다면 회비 증액은 사실상 큰 의미가 없다고 할 것입니다.

현재 주어진 재정을 잘 활용해 제도나 시장질서가 개선되면 그 혜택을 보는 건 바로 회원입니다. 재정의 일정 부분은 회원과 시장질서와 환경 개선에 투입하고 성과를 올려, 회원이 공감하고 지지하도록 예산 관리에 철저해야 합니다. 협회가 추진하는 정책과 서비스 가치 그리고 효능과 매력에 회원이 빠질 수 있을 때, 증액을 거론해 볼 수 있겠습니다.

회비는 협회 재정의 기본입니다. 그러나 회장은 회비 증액보다는 새로운 재원을 채워 줄 수 있는 비즈니스 모델이나 대안 사업을 발굴할 책임과 의무가 있습니다. 그 길이 상책입니다.

사실 회비 증액만으로는 재정 확장에 근본적으로 한계가 있기 때문입니다. 더구나 기간 사업의 확장이나 강화 전략을 위해서는 재정 지원에 어려움이 따르고 있습니다.


## 18) 새로운 재원을 마련할 아이디어는 있나?

가장 손쉬워 보이는 건 부동산거래정보망 사업과 공제 사업에서 재원 확충의 다양한 비즈니스 모델이 숨어 있다고 봅니다. 거기서 찾아야겠습니다. 누구나 다 아는 뻔한 이야기를 한다고 비난할 수도 있습니다. 그러나 그 뻔한 곳에서, 기회와 답을 찾아 실현하고 성공하는 것이 진짜 아이디어이자 실력입니다.

'한방'의 경우는 우선 특급 브랜드로 성공시켜야 합니다. 특급 브랜드로 올라섰을 때, 다양한 비즈니스 모델(수익성 사업)을 발굴할 수 있고 또 크게 성장도 할 수 있다는 사실은 우리가 동의할 수 있겠습니다.

회장은 회원과 회직자들의 참신한 아이디어를 장려하고 그 속에서 훌륭한 비즈니스 모델을 발굴하여 특급 브랜드로 올라서서 다양한 사업으로 재원(財源)을 확장하면서 성장에 도전해야겠습니다. 또한, '지부 자치'가 정착되어 작동하게 되면 각, 지부에서도 새로운 재원 확충 방안과 기회가 다양하게 창출될 수 있다는 점만은 분명합니다.

## 19) 회원 서비스에 충실할수록 더 많은 예산이 요구될 텐데?

예산의 편성은 그 기준과 원칙이 매우 중요합니다. 나름의 세 가지 원칙을 세워 봤습니다.

첫째, 협회 예산은 회원의 희망과 의지를 북돋우는 데 사용해야 합니다. 보여 주기 위한 과제나 소모성, 선심성 예산으로 낭비하는 것만은 엄격하게 차단할 수 있어야겠습니다.

둘째, 협회 예산은 한 번 투입하면 그걸 쉽게 회수할 수 없습니다. 예산 투입에서 훌륭한 성과를 얻고, 더 많은 재원을 확장하고 재투입하는 선순환 구조를 이뤄서, 회원 성장과 시장 발전을 위한 사업에 다시 투입해야 합니다.

셋째, 꼭 필요한 정책과 사업에 우선 사용하고 '낭비는 없다!'라는 원칙을 세우고 철저히 지켜내야겠습니다. 이건 예산 관리 규정에 원칙으로 정해야겠습니다.

## 20) '지부장 회의' 쇄신, 왜 필요한가?

'지부장 회의'는 회원과 시장의 희로애락이 모두 다 나타나는 매우 중요한 회의입니다. 회원과 시장의 현안과 미래를 논의할 수 있는 회의입니다. 시장 제도와 정책은 물론 회원의 고초와 협회 운영 현안까지 고스란히 나타납니다. 협회가 무엇을 어떻게 할 것인지, 방향과 목표를 알려 주는 신호와 기회가 나타나는 중요한 회의입니다.

회장은 이 신호들이 주는 의미와 가치를 찾아서 경영 방향과 전략을 수립하고, 이사회에 보고하고 의안으로 상정하여 경영에 반영할 수 있을 때, 회원과 시장 속에 숨어 있는 문제까지도 해결할 기회도 잡을 수 있습니다. 지부장 회의 쇄신은 회원과 시장의 건전한 발전을 선도하면서 '지부장 회의'의 본질과 가치를 더욱 빛나게 만들 것입니다.

그러나 현실은 회장이 일방적으로 지시하고, 행정 목표나 독려하는 수준에 멈춰 서 있습니다. '지부장 회의'는 시장 제도와 거래 질서, 회원의 권익과 복지에 대해서 자유롭게 의견을 개진하고 진취적인 정책이나 방향을 제시하고 논할 수 있는 소통과 혁신의 광장이어야 합니다.

회장의 지시와 통제로 끝나는 회의는 회장에게도 매우 불행한 일입니다. 지부장 회의는 회원의 소리가 만개하고, 정책과 전략에 반영될 수 있어야겠습니다. 지부장의 준비한 아이디어나 제안에 관한 토론도 없이 끝나 버리면, 어떻게 회원과 시장의 고초를 알 수 있고, '회원을 위

협회경영 혁신전략

한 서비스'를 향상할 수 있겠습니까?

회장은 거창한 공약이나 혁신의 구호를 부르짖는 것보다는, '지부장회의' 하나만 똑바로 운영해도 우리 협회는 매우 건전하게 발전할 수 있는 길을 찾아낼 수 있을 것입니다.

# 03

## '서비스협회' 혁신 과제와 회장 리더십

# 혁신의 성패와 회장의 리더십

　회원은 협회의 존재 이유이자 가장 중요한 자산입니다. 협회는 회원의 더 나은 삶과 미래를 위해 끊임없이 개선하고 혁신하는 리더십과 조직 문화를 조장해야 합니다. 회원의 이야기와 고초를 듣고 답하며 잠재해 있는 욕구까지 채워 나가는 활동이 협회 운영의 핵심이자 일상이어야 합니다.

　회장과 회직자는 회원에게 봉사와 헌신이라는 자부심과 긍지에서 지도자의 보람을 찾습니다. 회장은 "회원의 더 나은 삶을 위해 무엇을 할 수 있는가?"라는 근원적 질문에 답하고, 그 해법을 찾아 실천해야 합니다. 회장은 혁신이란 변화를 주도하자면, 비판자와 반대해야만 할 이유가 있는 이해관계자 그리고 자신의 측근마저도 소소한 조건이나 압박으로 혁신의 목표와 방향까지 흔들며 가로막고 나설 수 있습니다.

　이때 회장의 리더십이 중요합니다. 부당한 도발이나 압박은 무시하고, 단호히 거절하는 결기를 보여 줘야 합니다. 회장의 소신과 결단력이 변화를 이끄는 혁신의 원동력입니다.

우리 협회에 혁신의 목표는 회원의 성장과 시장의 발전을 지원할 수 있는 '서비스협회'로 바꾸는 데 있습니다. 이제는 회원을 관리의 대상으로 취급하는 '관리협회'에서는 회원들의 더 나은 삶과 미래를 기대할 수 없습니다.

시장 제도와 정책 개선 그리고 건전한 거래 질서의 확립으로 자유롭고 보람찬 비즈니스 환경을 갈망하는 회원의 소박한 꿈과 희망을 채워줄 수 없기 때문입니다.

협회는 시장에서 거래 질서와 윤리의 확립으로, 소비자와 국가·사회에 신뢰와 전문성을 구축해야 합니다. 공인중개사의 비즈니스는 고객의 소중한 재산의 거래에 있습니다. 따라서 직업인의 소명 의식과 책임감 그리고 지식과 윤리의 함양으로, 전문 서비스를 제공하는 지식 산업으로 발전시켜야겠습니다.

회원이 부동산전문가로 성장할 수 있는 전문 교육과 시장 환경 개선을 이룰 수 있는 경영 혁신에 나서야겠습니다. 회원에게 교육의 기회는 물론 지식정보 지원, 거래정보망 서비스 등으로 비즈니스 실무를 지원하는 '서비스협회'로 회원에게 희망을 주는 힘찬 미래를 준비해 나가야겠습니다.

## 01) 지도자가 혁신을 위해 준비할 것은 무엇인가?

첫째, 혁신은 목표와 기간이 분명해야 성공 확률이 높아집니다. 둘째, 정관(규정·지침 등)의 문제입니다. 협회의 사명[3]을 수행하기에 가장 효율적인 체제와 시스템을 갖추고 있어야 꽃을 피울 수 있습니다. 셋째, 한정된 인력과 자금 운용으로, 효율성을 갖추기 위해 인사와 예산에서 공정성과 투명성 확립으로 부패를 방지해야겠습니다.

혁신을 이루고 난 후, 거기서 어떤 성과를 이룰 것인지 분명한 목표를 세우고 추진해야 합니다. 특히 협회의 대내외 전략과 경쟁력 향상을 위해서 무엇을 해야 할지, 촘촘히 진단하고, 체계적인 정책과 전략으로 준비해야 할 것입니다.

## 02) 혁신의 성공을 위해 살펴야 할 것은 무엇인가?

첫째, 협회의 사명과 존재 이유를 정확히 파악하고 진행해야 혁신의 항로를 지키고, 유지할 수 있습니다.

둘째, '회원을 어떻게 대접할 것인가?'의 문제입니다. 즉, 회원의 성장과 만족을 위한 활동이 사명이기도 합니다.

셋째, 회원의 욕구와 가치를 정확히 파악해야 합니다. 회원이 추구하는 가치(물질적·정신적 행복)와 욕구(서비스 시간, 방법 등) 그리고 열망을 채워 나가야 하겠습니다.

넷째. 협회의 장단기 목표는 무엇인가? 회원을 위해서 어떤 성과를 이루어야 하고, 그 성과로부터 어떤 가치와 의미를 도출할 수 있는가?

---

3)  사명(使命): ① 맡겨진 임무. 직무.

이러한 질문과 해법이 쌓여서 협회의 가치를 창출합니다. "회원의 삶이 어떻게, 얼마나 변했나?"라는 질문이 혁신의 평가와 판단 기준이겠습니다.

다섯째, 협회의 계획은 무엇인가? 앞으로 무엇을 어떻게 할 것인가? 협회 목표(원칙과 장기 발전 방향), 세부 목표(측정이 가능한 구체성) 실행 방법(세부 계획)을 세우고, 훌륭한 결과를 도출할 수 있도록 준비해야 하겠습니다.

### 03) '관리협회'와 차별화가 혁신인가?

협회의 제품(한방, 공제 사업, 교육 등)과 서비스는 사명을 완수하기 위한 수단이자 전략입니다. 우선 '회원에게 어떤 가치를 제공할 것인지'를 규명하는 것이 중요합니다. 제품과 서비스의 가치는 협회가 알고 있는 수준으로 준비해선 안 됩니다. '회원의 생각과 욕구를 채울 수 있는 수준'으로 회원의 시선에서 바라보고, 기준을 세우는 게 중요합니다.

"회원이 겪는 고초는 무엇인가?", "무엇을 어떻게 해결해야 하나?" 등의 질문 속에서 서비스의 목표와 방향을 찾아야 합니다.

'한방'을 프롭테크 시장에서 '특급 브랜드로 성장한다.'라는 원대한 목표에 도전하는 것과 회원 성장을 지원하기 위한 전문 서비스 프로그램을 발굴하고 개선해 나가는 '서비스협회'의 역동성과 담대함이 무능한 '관리협회'와 차별화를 이루고 있습니다.

## 04) 회장의 성적표는 사업(한방·연구개발·교육·공제 등)의 성과로 평가되나?

회장의 리더십과 경영에 관한 성적표는 회원의 시선과 판단에서 결정됩니다. 협회는 제도와 시장에서 충족되지 않거나 부족한 부분을 채우거나 개선해서 지원해야 합니다.

협회는 일차적 수혜자인 회원에게 비즈니스 경쟁력 강화를 위한 교육 등 서비스에 있습니다. 그리고 부동산 시장 개선과 거래 질서 확립으로 더 좋은 시장 환경으로 개선하는 데 있습니다.

이 두 가지 기능이 효율적으로 작동하여 시너지 효과를 발휘할 수 있을 때, 소비자가 보호되는 건전한 시장으로 성장하고, 세상에 이바지하며 우리나라 부동산 시장과 정책에 새로운 이정표를 세울 수 있을 것입니다.

회원 성장을 위해 준비한 것이 '서비스협회'입니다. 회원의 비판이나 불만에는 즉시 반응하면서 문제의 본질을 해결할 수 있는 역량을 발휘하는 시스템을 갖춰야 합니다. 수시로 변하는 정책과 경제적·사회적 변화에도 유연하게 적응할 수 있어야 합니다.

협회가 회원과 시장의 문제를 해결해 나가는 능력과 진정성을 보여줄 수 있을 때, 회원과 시장이 성장하고, 회원과 시장의 발전이 협회의 성장으로 이어지는 선순환이 이뤄지게 될 것입니다.

## 05) 우리 협회의 시급한 현안은 무엇인가?

문제의 원인이 내부에 있는 부정부패나 무능의 문제는 사실, 우리가 쉽게 해결할 수 있는 과제입니다. 정말 어려운 과제가 아닙니다. 그 열쇠는 회장이 갖고 있습니다. 그런데도 37년 동안, 이 쉬운(?) 일조차도 우리는 하지 못했습니다.

그러나 대외 이미지나 신뢰도 그리고 시장 제도와 부동산 정책과 거래 질서 등은 직·간접적 이해관계자마다 입장과 시선이 다른 과제들은 우리의 생각이나 뜻대로 해결할 수가 없습니다. 그 시급한 현안으로,

첫째, 부동산거래정보망(프롭테크) 시장에서 IT 기업의 독과점으로 나타날 수 있는 폐해에서, 회원이 자유로운 비즈니스 활동을 수호하는 것이 가장 어려운 과제 중 하나입니다.

둘째, 회원과 시장에 대한 부정적 이미지의 쇄신입니다. 회원의 전문성과 소비자 보호가 이뤄지는 건전한 시장이라는 이미지를 형성해야겠습니다. 또한, 시장과 협회가 세상에 공헌하는 사실도 알려 줘야 합니다. 이건 필수 과제입니다.

셋째, 시장의 제도와 정책의 개선 그리고 거래 질서 확립으로 불법과 탈법(컨설팅사무소, 자격대여 등)에서 나타나는 회원의 고충(苦衷)을 해소해야 할 과제가 산적해 있습니다.

넷째, 유비무환 전략입니다. 시장에 제도와 정책 방향에 변화가 나타나거나, 예상치 못한 위기나 악재가 나타나도 회원과 시장의 발전을 이어갈 수 있는 역량을 갖춰야겠습니다.

## 06) 직원과 회직자의 욕구도 챙겨 줘야 하나?

그렇습니다. 직원과 회직자들은 "우리는 어떻게 하면 회원들이 더

많은 비즈니스를 창조하도록 할 수 있는가?"에 관심을 가지고 직무를 수행할 때 구성원도 협회도 성장할 수 있습니다. 또한, 자신이 수행하는 직무 현장에서 얻을 수 있는 다양한 경험과 시선을 통하여 자신의 내공을 쌓고 성장의 기회로 활용하는 것은 자연스러운 현상이자 욕구입니다.

회직자의 그런 야망과 욕구를 채워 줘야 합니다. 지도자에게 꼭 필요한 전문지식과 윤리, 사례의 발표 등으로 학습할 수 있는 '연수 교육프로그램'을 운영하고, 학습하도록 강제(?)하여, 훌륭한 인재와 지도자를 육성해서, 인적 자원을 확장하여야겠습니다.

훌륭한 지도자들은 다양한 경력과 현장 경험에서 쌓인 내공이 리더십 형성에 가장 큰 비중을 차지하고 있습니다. 특히, 회원의 야망과 욕구를 채우자는 사명감을 지닌 담대한 회장의 경륜과 내공이 깊을수록, 회원 성장과 협회의 발전에 적합한 체제와 시스템으로 발전시킬 확률이 높습니다.


## 07) 협회·단체에서 지도자 교육 사례는 있는가?

지도자 교육에 가장 충실한 단체로 'JC'와 '라이온스클럽'을 꼽아 볼 수 있습니다. 회원으로 가입과 동시에 교육받습니다. 단계별 교육으로 단체의 사명과 목표를 학습하고, 지도자의 소양과 실무 지식과 훈련으로 채워 주고 있습니다.

특이한 점은 JC의 피선거권입니다. JC의 회장 선거에서는 아무나 후보자로 나설 수 없습니다. 회장으로서 갖춰야 할 소양으로 교육과 훈련 그리고 체계적인 실무와 경력 등으로 '후보자 등록 요건'을 갖춰야 '피선거권'이 주어집니다.

이는 지도자로서 갖춰야 할 지식과 소양을 쌓도록 강제함으로써 지도자로서 준비된 사람을 선출하기 위한 시스템입니다. 우리 협회도 지도자가 갖춰야 할 지식과 소양을 쌓고 성장할 수 있는 교육 과정을 마련하고 의무교육으로 강제하고, 지도자에게 주어진 사명과 책무에 충실할 수 있는 인재(회장과 회직자)를 육성해야겠습니다.

## 08) 지도자 교육프로그램은 'JC'와 '라이온스클럽'에서 볼 수 있는데 그 이유는?

'JC'와 '라이온스클럽'은 세계적인 단체로 오랜 전통과 역사 속에서 성장해 왔고, 훌륭한 이념과 체계적인 운영 시스템을 갖추고 있습니다. 두 단체가 우리나라에 들어오면서 조직 이념과 운영 시스템을 받아들이면서, 지도자 교육 훈련 시스템도 함께 들어온 것이 아닐까요?

또한, 두 단체가 세계적인 명성을 유지하는 건 좋은 세상을 이루자는 이상과 헌신적 활동으로 세상에 이바지하며 선한 영향력을 발휘해온 데 있었다고 할 것입니다. 체계적인 교육과 훈련으로 수많은 인재를 발굴하고 육성한 것, 그 하나만으로도 빛나는 성과로 사회에 공헌해 온 것입니다.

## 09) 어떤 지도자(회장)의 선출이 바람직한가?

협회는 회원의 공동체로서 결속력이 매우 중요합니다. 회원이 상호 존중하고 하나로 뭉칠 수 있는 제도와 시스템을 갖추는 것이, 건강한 협회로 성장하는 지름길입니다.

'회원의 결속' 바로 그것이 회원이 원하는 건강한 모습이 아닐까요? 그러나 현실은 너무 다릅니다. 어느 협회든 "가장 어려운 일이 무엇이냐?"라고 물어보면 십중팔구는 '회원의 분열과 갈등' 그리고 비협조를 꼽을 것입니다. 이처럼 어려운 문제를 해결할 지도자 자질 네 가지를 살펴보겠습니다.

첫째, 회원을 존중하는 진솔한 소통이 이루어져야 합니다. 회원이 부닥뜨린 고충과 현안에 대해서 인정해야 할 건 인정해야 합니다. 그리고 진솔하게 설득하거나 이해시키면서 함께 해결해 나갈 수 있는 지도자의 인품이 중요합니다. 회원과 시장을 이해하고 사랑하는 지도자여야 하겠습니다.

둘째, 지도자는 주어진 사명을 완수하기 위해서 자신의 권한과 책무에 충실해야 합니다. 매사에 정직하고 청렴한 자세로 지도자의 권위를 수호하며 타의 모범이 되어야겠습니다.

셋째, 법과 원칙에 충실할 수 있어야 합니다. 회원으로부터 위임받은 소중한 권한을 행사해야 하는 공인으로서, 자신의 사명과 책무에 충실하고, 자신이 내린 결정과 언행 등에 대해선 철저히 책임을 지는 신념의 지도자여야겠습니다.

넷째, 회원과 시장의 문제에 대해선 전문가 이상의 감각으로 깊숙이 통찰하고 회원에게 더 나은 미래를 설계하고 기획할 수 있는 혜안의 지도자를 회원은 고대하고 있습니다.

## 10) 회장 선거와 선거관리위원회, 이대로 좋은가?

우리 협회 회장 선거 문화를 살펴보면 '후보자 학력과 경력보다도 비전과 공약을 살펴보며, 무슨 일에 도전했고, 그 성과는 무엇인지?'를 살펴면서, 후보자 인품과 리더십을 따져 봐야 하는데, 우리 현실은 그렇지 못합니다. 후보자와 인연이나 호불호 또는 이해관계에 따라서 '묻지 마!'식의 지지와 짝짓기가 선거판을 횡행하고 있습니다.

회장 자리는 회원과 시장 문제를 해결할 책무가 주어져 있습니다. 비전과 사명감으로 무장하고 협회를 지휘하는 자리입니다. 비전과 청사진을 준비한 사람이 선출될 수 있어야 회원의 꿈과 희망을 채워 주며, 혁신과 성장을 이끌 수 있습니다.

첫째, 선거 비용의 문제입니다. 2021년도 회장 선거의 후보자 등록금이 5,000만 원이었습니다. 너무 많지 않나요? 그뿐이 아닙니다. 홍보물 제작과 발송, 특히 과열된 선거 운동 비용 등 과다한 선거 비용의 압박으로 훌륭한 인재가 후보로 등록하길 포기해야 하는 시스템이 이어져선 안 됩니다.

둘째, 후보자의 활동과 검증 기간이 너무 짧습니다. 예비 후보자는 최소 6개월 전에 등록하고 활동할 수 있어야 회원도 후보자를 파악하고 검증할 수 있는 시간도 주어지게 됩니다. 현재는 선거일을 공고하고 20일 만에 끝납니다. 회원은 후보가 누구인지 잘 알지도 못하고 투표하고, 후보자는 자신의 비전과 청사진을 알릴 시간도 기회도 절대로 부족합니다. 전형적인 깜깜이 선거와 조직 선거가 판치는 시스템입니다.

이건 짝짓기(?)에 유능한 사람을 위한 선거판입니다. 유능한 일꾼(지도자)이 아니라 '유능한 선거꾼을 뽑자는 선거판이 아니다.'라고 말할 수는 없을 것입니다.

셋째, 선거 관리의 부실로 나타나는 문제입니다. 피선거권과 선거권, 등록금 등 주요 사항은 모두 '선거 규정'에서 정하고, 회장 영향력이 미칠 수 있는 선거 지침은 최소 실무 사항만 다루도록 제한돼야 합니다. 선거관리위원이 '묻지 마 의결'로 선거판을 좌우해선 안 됩니다.

회장 선거의 더 깊은 이야기는 '10장 회장 선거는 혁신의 기회나'라는 주제로 다루었습니다.

### 11) 훌륭한 지도자(회장) 선출 기준은 무엇인가?

회장은 자신의 비전과 소신이 있어야 합니다. 지도자에게 필요한 지식과 소양 그리고 경륜으로, 거침없이 도전하고 창조할 수 있어야 합니다. 진취적인 이상과 열정으로 조직을 이끌 수 있는 '조직 장악 능력'도 매우 중요합니다.

지도자에 필요한 지식과 소양은 단기간에 학습하거나 코치를 받고 성장할 수도 있습니다. 그러나 매 순간 판단하고 결정할 수 있는 결단력과 조직 구성원을 지휘할 수 있는 조직 장악 능력은 하루아침에 학습하거나 코치를 받아서 익힐 수가 없습니다.

매사에 판단하고 결단하며 정책을 추진할 수 있는 리더십은 회장의 비전과 깊은 경륜에서 나옵니다. 사안마다 깊은 고민과 통찰력이 숙성되어서 융합된 지혜들이 바로 경륜입니다.

'CEO 리스크'가 언론에 자주 오릅니다. 무능한 CEO는 그 조직을 한 순간에 위기나 파산으로 빠뜨릴 수 있고, 유능한 CEO는 그 위기를 오 히려 기회로 삼아 비약적인 성장을 이루고, 위대한 신화를 세상에 널리 알립니다.

최근 사례는 2010년 2월 20일 상장 폐지된 일본항공(JAL)의 기적 같 은 회생 사례를 꼽아 볼 수 있습니다. 침몰하기 직전의 일본항공(JAL) 에 구원투수로 교세라의 창업주 '이나모리 가즈오' 명예회장을 선임하 였습니다. 그는 취임 일 년 만에 일본항공(JAL)을 흑자로 바꿨고, 3년 만에 증권시장에 재상장하는 '기적 같은 성공 사례'를 세상에 보여 줬습 니다.

그 기적을 이룬 건 오로지 지도자의 지혜와 경륜이었습니다. CEO(회 장)의 자질과 역량이 기업(협회 등)의 성패를 가른다는 사실을 '이나모 리 가즈오' 회장이 추락하는 일본항공(JAL)의 회생(回生)을 통해서 보 여 준 경영 혁신 사례입니다.

지도자는 회원을 위하겠다는 소신과 열정이 있어야 통찰력과 문제 의식도 빛나게 됩니다. 더 나은 해법을 찾아 나서는 깊은 고민 속에서 나타난 해법과 스스로 터득한 암묵지[4]들이 쌓여 지도자의 경륜으로 형 성됩니다.

우리 협회가 37년 동안 부실했던 원인은 무엇일까요? 바로 '회장 리 스크(risk)'에 있었습니다. 비전과 소신도 미숙했고, 경영 전반에 관한

---

4) 암묵지(暗默知, Tacit Knowledge): '학습과 체험을 통해 개인에게 습득돼 있지만, 겉으로 드러나지 않는 상태의 지식'을 말한다.

소양과 내공이 너무나 빈약했습니다. 회장이 시장과 회원의 본질적인 문제점도 파악하지 못했고, 정책 방향과 목표도 상실한 리더십의 한계에서 나타난 것이었습니다.

회장의 선출 기준을 굳이 꼽아 보자면 가장 먼저 "숙성된 비전과 지식, 소양을 지닌 리더십은 준비돼 있는가?"라는 질문으로 검증하고 선택의 기준을 찾아야겠습니다.

## 12) 지도자(회장)가 성공하기 위한 조건은 무엇인가?

우리 협회가 실패를 반복한 원인을 살펴보면 참신한 비전과 소신을 지닌 경륜의 지도자가 없었습니다. 우선, 회장으로 나선 분들이 필요한 지식과 소양 그리고 깊은 내공을 지니지 못해서 리더십을 발휘할 수 없었다고 진단할 것입니다.

첫째, 회장은 결단과 책임을 두려워하지 말아야 합니다. 무엇보다 확고한 소신과 결기가 있어야 합니다. 회원의 현실과 미래를 위한 장·단기 목표를 정하고, 과감히 도전할 수 있는 지혜와 용기가 있어야 합니다. 그러나 모르는 일엔 딜레마(dilemma)에 빠지게 됩니다. 회장이 피하거나, 결단하지 못하는 순간 회장은 레임덕[5]에 빠지게 됩니다.

예를 들어 '정관'을 개정하겠다고 공약한 회장이 선두에 나서서 '정관개정'을 지휘하지 않습니다. '정관개정위원회'를 구성해 놓고 자신은 거기서 쏙 빠집니다. 회장이 위원장으로 나서서 독려해도 매우 어려운 과제가 바로 '정관개정'입니다.

---

5)  레임—덕(lame duck): 리더십의 공백 상태를 말한다.

정관이란 협회의 목적을 달성하기에 효율적인 조직 체제와 시스템의 규범입니다. 특히 정관에서 '목적'이란 회원과 시장, 소비자 그리고 국가와 사회에 협회가 추구하는 '이상과 목표를 선포하는 것'입니다. 즉, 협회의 존재 이유와 회원의 위상과 이미지를 대내외에 천명하는 중요한 사항입니다.

이렇게 중대한 과제를 지휘해야 할 회장이 무지하거나 실패가 두려워서 지휘권을 포기하고 도망치는 것은, 가장 비겁하고 무능한 지도자라고 비난해도 지나치지 않습니다.

둘째, 지도자는 비판자도 옹호하면서 스스로 '감시 기능'을 강화해야 합니다. 모든 조직에서 절대로 빠져선 안 될 것이, 바로 '비판과 감시 기능'입니다. 지도자는 이들의 비판을 수용하거나 채워 주며 보완하는 데 정성을 다해야 합니다.

특히 회장 자신이 성공한 지도자로 역사에 기록되기를 원한다면 정책과 전략에 대한 비판은 더욱더 장려하면서, 촘촘하고도 예리한 감시 기능을 강화하는 데 집중해야 합니다.

셋째, 목표를 이루자면 한두 번의 지시로 끝내선 안 됩니다. 회장의 비전과 공약의 청사진 그리고 장단기 목표가 지시 하나로 이뤄지는 것은 아니기 때문입니다. 공약과 장단기 목표가 임직원 개개인의 목표가 될 수 있도록 끊임없이 독려하고 주입해야 합니다. 조직 목표를 일상화해야 합니다.

## 13) 지도자가 유의해야 할 점이 있다면?

미국의 레이건 대통령은 인사와 경제 부문에서 훌륭한 평가를 받고 있습니다. 자신의 비전과 소신에 적합한 사람을 찾았답니다. 인사가 만사라는 걸 잘 보여 준 사례입니다.

우리 협회는 사무처 운영에 지식과 경륜이 없는 회원이나 회직자를 사무총장으로 기용해선 절대로 안 됩니다. 그런 총장을 선임하는 순간 회장의 실패를 약속하는 겁니다.

현재 사무처는 조직과 행정 관리에 혁명적 쇄신을 이뤄야 합니다. 기업 수준의 투명성과 책임감으로 재무장하기 위해선 인사조직 전문가를 영입하여 새판을 짜고, 자리를 잡고 난 후에는 우리 직원이 스스로 준비하고, 내부 승진으로 사무총장으로 성장할 수 있어야 합니다.

그래야, 사무처 직원에게 열정과 동기를 부여하여 인재를 육성할 수 있습니다. 승진과 도약의 목표와 기회가 주어지기 때문입니다. 야심 찬 직원은 사무총장으로 올라서기 위해서 스스로 학습하고 준비하면서 성장하게 됩니다.

리더십은 지식과 경륜에서 쌓인 지혜이자 기술입니다. 권투 경기에서 코치하던 사람이, 선수로 링에 올라가면 얼마나 버틸 수 있을까요? 오르자마자 KO패? 그건 당연한 결과이겠지요?

준비 없이 회장에 오르면 뭇매나 맞다 내려옵니다. 준비가 없으면 업무를 이해하고 파악하다가 임기 3년이 끝납니다. 뜨거운 열정과 이상만으로 링에 올라서는 건 정말 미친 짓입니다. 사각의 링이든 회장이 자리든 기술과 실력이 있어야 승자로 성공할 수 있습니다.

특히 회장의 자리는 10만 회원과 그의 가족의 삶을 책임지는 막중한 자리입니다. 회장의 자질과 수준에 따라 회원의 삶에 직접적인 영향을 미치고 있습니다. 더 나가 시장과 소비자 그리고 국가·사회가 요구하는 공익을 실현할 책무가 주어진 공인입니다. 회장은 비전과 청사진을 제시하고 성취할 수 있는 역량을 갖추고 나서 올라야 할 자리입니다.

## 14) 지도자(회장)로 나서기 위해 준비해야 할 것은?

회장의 선출 방법은 협회마다 특성에 따라 다릅니다. 회원이 직·간접 선거로 선출하거나 훌륭한 외부 인사를 추대하거나, 영입하기도 합니다. 특히 스포츠 분야는 경제력과 정치·사회적으로 높은 덕망을 지닌 분을 영입하는 관행이 이어지고 있습니다.

그러나 전문인과 직능인 단체는 회원이 직접선거나 간접 선거로 선출합니다. 그리고 피선거권을 회원으로만 제한하기도 하고, 전문경영인을 영입하거나 활용하기 위해서 외부 인사에게 피선거권을 개방하는 곳도 있는 것 같습니다.

사실 회장에 나선 분들은 회원을 위해서 공헌하겠다는 큰 뜻을 품은 분들입니다. 소신과 야망이 있는 분들이지요. 통상 협회는 '회원의 성장과 시장 발전'이란 목적을 달성하는 기본 과제와 회원이 처한 고초를 해결하면서 회원 삶과 시장의 미래까지 준비해야 할 매우 매서운 자리입니다.

지도자는 스스로 '회장에 적합한가?'를 성찰하기 위해서 아래의 질문으로 스스로 살펴봐야 할 것입니다.

첫째, 자신의 그릇을 살펴봐야겠습니다. '자신이 시대적 사명에 책임과 의무를 다할 수 있는 그릇인가?', '회원과 시장의 미래를 위한 비전과 청사진은 있는가?', '그걸 실현할 수 있는 실력과 용기는 있는가?'라는 질문에 '아니오.'라고 판단되면 즉시 스스로 포기해야 합니다. 무엇보다도 회원과 시장의 성장과 발전을 위해서 그리고 자신의 온전한 삶과 사회적 명예를 지키기 위해서 포기해야 합니다.

둘째, 역대 지도자가 실패한 원인과 과정을 깊이 살펴서 배워야 합니다. 실패한 분들은 회원의 결속과 조직 쇄신, 시장 제도와 거래 질서 확립 등 산적한 현안에 관하여 무지하고 무능했었습니다. 외부 세력의 침탈과 도전에는 응징도, 차단도 하지 못하고 망가졌습니다.

그 원인은 지도자로서 그릇과 역량의 문제였습니다. 지도자의 그릇과 역량이 부실하였기에 손쉬운 문제가 나타나도 그 해법조차 찾지 못한 것입니다.

셋째, 제도와 시스템을 설계하고 운용할 수 있는 수준의 지식과 역량을 갖추고 회장 후보로 나서야겠습니다. 그래야 제도나 시스템에서 결함이 나타났을 때, 즉시 그 원인을 파악하고 미비하거나 부족한 곳을 채우고 개선해 나갈 수 있습니다.

끝으로, 회원과 시장의 소중함을 알고, 회원을 사랑하는 사람이어야 하겠습니다. 회원과 희로애락을 함께할 수 있는 지도자가 아니라면 회원은 기대할 곳조차 사라지게 됩니다.

협회경영 혁신전략

## 15) 지도자가 혁신을 위해서 준비할 것은 무엇인가?

첫째, 스스로 만든 혁신의 청사진과 시나리오가 있어야 합니다. 목표와 계획이 분명하면 성공의 확률이 높아집니다.

둘째, '회원과 시장 사랑'에 변함이 없어야 합니다. 그 사랑의 힘과 열정은 혁신을 이끄는 에너지로 작동하게 됩니다.

셋째, 회장은 비전과 목표를 제시할 수 있어야 합니다.

넷째, 회원과 임직원에게 '할 수 있다!'라는 자신감을 심어 줄 수 있는 비전과 전략을 제시하고, 만연한 부정부패와 무능으로 형성된 패배 의식에서 벗어나야겠습니다.

다섯째, 협회의 체제와 시스템을 쇄신하여 회원의 자신감을 고취하여야겠습니다.

여섯째, 회원을 하나의 '공동체'로 만들어야겠습니다. 회원들이 한마음으로 뭉칠 수 있을 때, 목표를 수월히 달성할 수 있고, 그 의미와 가치가 더욱 빛나게 됩니다. '회원을 하나로 뭉치게 하는 것.' 이것 하나만 제대로 해도 '위대한 치적을 이룬 회장'으로 역사에 기록될 것입니다.

## 16) 혁신의 과정에서 회장의 리더십과 그 역할은?

회장은 신념과 열정으로 혁신 과정을 직접 챙기고 독려할 수 있어야 합니다. 특히 혁신의 청사진과 시나리오는 자신의 이상을 담아서 직접 기획하고 추진할 수 있어야겠습니다. 그러고 난 후에, 구체적인 과제와 일정 등 실무적 문제는 책임 부서에 맡겨서 진행해 나가야 할 것입니다.

지도자는 혁신의 방향과 목표를 정의하고 무엇을 어떻게 추진해야 할 것인지, 정책과 전략은 직접 결정할 수 있어야 합니다. 그리고 회원을 하나의 공동체로 만들기 위해선 쉬지 않고 독려하는 열정과 의지를 보여 줘야 합니다.

회원이 지도자의 열정을 보고 느끼고 참여하게 만들어야 합니다. 혁신의 성패는 회장의 소신과 의지에 따른 리더십에 달려 있습니다. 자신의 비전과 이상을 담은 청사진과 공약을 실천하면서 그 성과를 보여 주며 리더십을 다지고, 회원 공동체로 묶어가는 조직 문화를 형성해 나가야 하겠습니다.

## 17) 혁신의 출발점과 과제들을 무엇을 꼽아 볼 수 있나?

혁신은 정관의 개정에서 시작이 됩니다.

첫째, 정관의 목적은 회원과 시장의 미래를 그리는 나침반입니다. 공제, 거래정보망, 연구개발, 교육 등 주요 사업의 목적을 정비해서 사업별 비전과 가치를 담아야 합니다.

둘째, 감시·감독(브레이크) 기능 강화입니다. 부정부패 방지와 권력의 오남용 예방을 위해서 엄중한 처벌을 규정해야 합니다.

셋째, 예산과 회계의 투명성을 확립하여 건전한 재정관리 시스템을 갖춰야겠습니다.

넷째, 의사 결정의 신속성입니다. 회장은 필요한 때, 특히 긴급한 상황일수록 신속히 결정할 수 있어야겠습니다.

다섯째, 보여 주기 위한 회의나 책임을 면피하기 위한 회의(특별위원회, 비상대책위원회)의 폐해를 제거하고 협회의 고질병 '회의를 위한 회의'를 척결해야겠습니다.

　이상에서 건전한 혁신을 이루기 위한 과제 다섯 가지를 살펴봤습니다. 세부 사항은 부문별 과제에서 설명하겠습니다.

## 18) 혁신은 누가 주도해야 하나?

　혁신의 성패는 회장의 소신과 리더십 수준에 의해서 결정됩니다. 회원의 성장과 시장 발전을 위해서 '해야 할 일'을 정하는 것과 적합한 체제와 시스템을 구축할 수 있는 수단은 '정관의 개정'에서 답을 찾아 해결해야 합니다. 정관의 개정은 그 과정을 주도하는 회장의 철학과 리더십에 따라서 품질과 수준이 좌우됩니다.

　특히, 목적을 이루기 위해 적합한 체제와 시스템을 결정하는 과정에서 이를 거부하거나 반대해야 하는 기득권 세력의 강력한 저항과 비판이 나타나기 마련입니다. 이때 이를 극복하고 추진할 수 있는 지도자의 결단력과 리더십이 중요합니다.

　정관을 개정하는 일은 회장이 직접 나서서 추진해도 매우 어렵고 힘든 과제입니다. 그러나 회원의 여망에 부응하는 혁신을 완수할 기회를 얻는 것은 지도자에게도 크나큰 영광입니다. 이는 회장에게만 주어진 기회이고, 회장만 이룰 수 있는 시대적 과제입니다. 올곧은 혁신을 이룬 회장은 역사에 길이 남을 것입니다.

## 19) 혁신에 실패만 해 왔다. 그 원인은 어디에 있나?

　지도자의 그릇과 리더십에서 나타난 문제라고 할 것입니다. 혁신의 추진에는 항상 어려움과 고통이 따르기 마련입니다. 혁신으로 얻을 수 있는 훌륭한 성과나 가치를 모르는 지도자는 혁신에 도전하는 것, 그 자체가 무모하고, 두려운 과제입니다. 그러다 보니 망설이거나 아예 포기하는 겁니다.

더구나 '누구를 위해서, 왜 이걸 해야 하나?' 하는 무지와 '무엇을 어떻게 해야 하지?'라는 두려움에 휘둘리게 되면, 그 사람은 혁신을 생각하거나 시도조차 할 수 없게 됩니다.

그와 달리 혁신의 청사진과 시나리오를 직접 설계한 사람이라면 거침없이 추진할 수 있는 자신감과 역량을 보여 주며 추진할 수 있습니다. 지도자가 목적과 목표가 분명하고, 무엇을 어떻게 할지, 어느 부분을 변화시킬 때, 어떤 변화와 가치를 창출한다는 것까지, 정확히 알고 있기 때문입니다.

이처럼 비전과 경륜 그리고 확고한 목적의식으로 무장한 지도자가 아니라면, 혁신도, 공약도 이뤄낼 수가 없습니다.

수영도 못하는 사람이 물에 빠진 사람을 구하겠다고 무모하게 큰소리치고, 정작 물속엔 뛰어들지도 못하는 못난 사람과 실패만 반복한 지도자와 다른 점이 있어 보이나요?

## 20) 회원의 마음을 얻기 위한 협회의 조건은 무엇인가?

회원 마음을 얻을 수 있는 신뢰의 조건은 네 가지입니다.

첫째, 어떤 체제와 시스템을 갖추고 있는가? 어떤 지도자인가?'에 따라서 회원의 신뢰와 지지도가 달라집니다. 투명한 체제와 시스템 그리고 유능한 지도자가 있어야 합니다.

둘째, 유능한 인재가 중용되고, 실력에 따라 성장할 수 있는 공정한 인사 규정과 시스템을 갖추고 있어야 합니다.

셋째, 지도자는 정책과 사업 등에서 반대 의견이나 비판에 부딪혔을 때, 설득하거나 포용하면서 하나로 이끌어 갈 수 있어야 합니다. 우리 시장을 침탈하려는 세력은 단호히 응징할 수 있는 단호함도 보여 주고, 어떤 위기나 난관에도 '우리 회원은 지킨다.'라는 불굴의 의지를 보여 줘야 합니다.

넷째, 회원의 신뢰와 지지에 부응할 수 있는 지도자는 청렴하고, 깨끗한 윤리경영을 솔선수범하는 데 있겠습니다.

# 회직자와 직원의 육성과 관리 방안

## 01) 인재의 육성과 유지 관리 방안은?

우선, 인사 규정부터 쇄신해야 합니다. 직원이 믿고 따를 수 있는 공정한 인사 규정과 교육프로그램으로 스스로 학습하고 성장할 기회를 충실하게 제공해야겠습니다.

협회의 인적 자원 구성은 회직자(선출직)와 사무처 직원(채용)으로 구성돼 있습니다. 직원은 적합한 사람을 채용해 교육과 훈련으로 육성할 수 있습니다. 그러나 정작 협회경영 전반을 주도하고 있는 회직자(회장, 이사, 대의원, 조직장)들은 선출되고 있습니다. 그러나 선출직은 협회의 업무에 깊은 이해와 경험이 부족하거나 무지한 상태에서 직무를 맡아 수행하게 됩니다. 여기서 더 큰 문제는 자신과 가정의 안녕을 위해서 비즈니스에 충실해야 할 비상근 회직자가 자신이 맡은 직무에 요구되는 필수 지식과 소양에 전념할 시간을 내기가 어려운 것이 우리나라 협회의 실상입니다.

사실 인재의 채용과 육성, 회직자의 교육과 훈련에 큰 어려운 현실에서, 많은 협회가 다 같이 고심하는 문제일 것입니다. 협회경영의 전문인 교육기관이나 전문과정이 없는 우리나라 협회가 겪어야만 할 고초입니다.

## 02) 협회 인재 교육 사례를 찾아볼 수 있나?

회장과 회직자가 협회 살림살이(경영)에 필요한 지식과 소양이 부족하다면 그건 매우 심각한 문제입니다. 가장 먼저 해결해야 할 시급한 과제가 분명합니다. 회직자는 자신의 직무와 직책을 수행하기에 필요한 소양과 지식이 충분할 때, 자신 있게 주어진 책임과 의무를 다할 수 있습니다.

그러나 우리나라는 협회와 사회단체의 임직원들이 갖추어야 할 리더십과 실무 지식을 교육하거나 훈련하는 단체나 기관(대학 등)은 없는 것으로 알려져 있습니다.

미국에는 '미국협회 단체경영전문가협회(ASAE: America Society of Association Executives)'가 있습니다. 이 협회는 인재 육성과 지원에 관한 교육과 훈련 그리고 다양한 지식정보로 협회와 협회 운영전문가의 교육과 성장 프로그램을 윤용하고 있습니다. 이는 미국뿐만 아니라 선진국에는 '협회 단체 경영전문가협회'가 있어, 인재의 육성과 경영 혁신, 컨설팅 등 다양한 서비스로 협회의 성장을 지원하고 있습니다.

미국 사회는 이미 100년 전부터 '협회'가 국가·사회에 미치는 공익성과 공공의 가치를 파악하고, 협회 운영에 적합한 유능한 인재를 육성해 왔습니다. "미국협회 단체경영전문가협회(ASAE)'는 '협회가 사회를 바꾼다.'라는 강령으로, 개별 협회에 임직원을 파견하거나 교육과 훈련의 지원을 통하여 협회 운영 전반에 관한 전문지식과 기법을 전달하며 지원하고 있다."라고 설명하고 있습니다.

### 03) '미국협회 단체경영전문가협회(ASAE)'를 소개하자면?

'미국협회 단체경영전문가협회(ASAE: American Society of Association Executives)'는 '협회의 가치를 사회에 알리고 협회를 이끄는 사람들(지도자, 직원)의 전문성 향상을 지원하는 것'이라고 협회의 목표를 밝히고 있습니다. "조직 및 개별 협회경영전문가를 대표하는 협회 관리를 위한 조직입니다. '우리는 협회가 사회를 더 나은 방향으로 변화시킬 힘이 있다.'라고 믿습니다. 우리의 열정은 협회경영전문가(지도자, 직원)들이 이전엔 상상하지 못한 수준의 더 나은 성과를 달성하도록 돕는 데 있습니다. 우리는 똑똑하고 창의적이며 흥미로운 회원 커뮤니티(공동체)를 육성함으로써 우리의 사명을 수행합니다." 즉, 우리는 '협회 단체 리더십 센터'라고 소개하고 있습니다.

### 04) '미국협회 단체경영전문가협회(ASAE)'의 산하 기구는 무엇이 있나?

2020년 'ASAE'는 '세상을 더 좋고, 더 안전하고, 더 똑똑하게 만드는 100주년'을 기념했습니다. 별도 단체인 'ASAE 연구재단'으로 협회 및 비영리 전문직을 위한 학습, 지식 및 미래 지향적 연구로 자원, 교육, 아이디어 및 회원의 옹호 활동하고 있고, 'ASAE'가 전액 출자한 'ASAE Business Services, Inc.(ABSI)'는 협회 커뮤니티(공동체)에 비즈니스 솔루션을 제공하여 협회의 성장과 번영에 시간과 비용을 절약하고 협회 운영 비즈니스를 단순화하도록 돕고 있습니다. ASAE는 일일 뉴스와 이메일이 포함된 월간 저널인《Associations Now》도 발행하고 있다고 소개하고 있습니다. (출처: ASAE 홈페이지)

## 05) '미국협회 단체경영전문가협회(ASAE)'를 살펴본 소감은?

많은 협회가 유능한 인재 영입에 어려움을 겪고 있는 우리나라 현실과 그 해법을 모색할 수 있는 계기가 되어서 다행이다 싶지만, 너무나 안타까운 것이 우리의 현실입니다. 사실 많은 협회가 지도자나 전문 인재의 부족에 어려움을 겪고 있어도 그 사실조차 느끼거나 파악하지도 못한 채 방관하고 있는 무지와 안이함이 더 큰 문제로 보였습니다.

첫째, 협회를 이끌어 갈 지식과 역량을 체계적으로 학습하고 준비한 지도자와 인재를 만나기가 어려운 게 우리 현실입니다. 준비도 없이 어느 날 갑자기 최고 지도자 자리에 오르게 되면, 본인도 힘들고 그를 선출한 회원들에게 실망과 고통만 주는 결과를 반복하게 되는 것입니다. 우리나라 협회의 지도자들이 중지를 모아서 선출직 회직자가 자신의 직무에 충실할 수 있는 지도자로 육성할 수 있는 '지도자 교육훈련원'을 공동으로 설치하고 운영하여야겠습니다.

둘째, 협회 운영의 전문 인재와 경영전문가로 성장할 수 있는 제도를 마련해야겠습니다. 협회라는 조직은 기업보다 재정과 환경이 열악하고, 직원의 대내외로 성장에 한계가 있습니다. 직원(취업자)이 경제·사회적 성취의 한계로 '상실한 매력'을 채워 줄 방안을 마련해야겠습니다.

셋째. 미국의 'ASAE'처럼 '협회의 임직원'을 특성 있는 교육과 관리로 유능한 인재를 육성하여 다른 협회나 단체로 이직하거나 스카우트의 기회'가 활발할 수 있어야겠습니다. 가칭 '한국협회 단체경영전문가협회(KSAE)'를 설립하여, 협회와 사회단체에 다양한 경영 활동을 지원하고 좋은 세상으로 이끄는 협회와 단체로 육성해 나가야 할 것입니다.

# 회장에게 회원 소통과 가치는 무엇인가?

소통이란 '막히지 않고 잘 통함'이라고 합니다. 그러나 회장의 소통은 회원의 생각과 감정을 주고받는 활동으로 일상사나 나누는 자리가 아닙니다. 협회와 시장의 현안 그리고 회원의 삶과 비즈니스 성장과 미래를 논하는 자리입니다.

회장의 소통은 회원의 생각이나 들어주는 것처럼, 보여 주기 위한 자리가 아닙니다. 회원의 생각을 듣고 존중하고 공감하면서 회원이 입장에서 시장 제도나 정책, 거래 질서 그리고 협회 현안 등에 관한 문제와 고초에 대해서, 회원과 난상토론도 불사하면서 더 나은 방향을 모색하는 자리입니다.

회장은 경영 방향과 목표를 설명하고, 회원의 생각과 대안 그리고 비판을 듣고, 답하며, 치열한 토론으로 이해하고 공감할 수 있는 '광장'으로 만들어야 합니다. 이는 회장이 언제나 회원의 생각을 존중하고 있다는 믿음을 주는 방법입니다. 이런 믿음을 회원에게 심어주는 것은, 회원으로부터 깊은 신뢰를 얻고, 회장의 리더십과 권위까지 충전할 수 있습니다. 회장에게 소통은 자신의 입지 구축과 리더십을 강화하기 위한 과제 중에서 으뜸이라 할 것입니다.

크고 작은 회의에서도 소통은 중요합니다. 중요한 과제일수록 빠르게 의견 일치가 이뤄졌다면 그 의제에 관하여 깊은 고민도 없이 서둘러 의결하였다고 추정해 볼 수 있습니다. 깊은 고민도 없이 의결한 임원들의 허술함이 결정적인 문제의 핵심을 못 짚었을 수 있다는 점은 깊이 유의해야 합니다.

회장은 협회의 발전과 자신의 성공을 위해서라도 반대 의견을 제시하는 사람들에게 자유롭게 비판하고 문제를 제기할 수 있도록 장려하는 회의 문화를 조성해야 합니다. 이렇게 거침없는 회의 문화와 소통을 이루어 내는 것은 전적으로 회장의 책임이자 의무가 분명합니다.

### 01) 소통의 목적은 무엇인가?

소통은 회원의 욕구와 고초를 살펴서 채워 주기 위한 소통이 있고, 임직원과 소통으로 조직의 막힌 길은 뚫고, 걸림돌은 치우고 지원하는 소통이 있습니다. 회장은 비판자에 대해서 대범한 감성과 포용력을 발휘할수록 더욱 좋습니다. 사실 협회에 나타나고 있는 모든 문제는 회장과 무관할 수가 없기 때문입니다.

예리한 비판에 대해선 인정할 건 인정하고 바꿀 건 바꾸는 지혜와 결단력으로 수용하면서 반대자도 함께 손잡고 가야 합니다. 이렇게 시원한 리더십은 조직의 혁신과 성장을 주도하고, 회원의 신뢰와 지지도를 확장합니다. 회장에게 소통 활동은 많을수록 좋은 것이 분명합니다.

## 02) 회장의 소통이 왜 중요한가?

훌륭한 아이디어 하나로 무궁한 가치를 창출할 수 있는 4차 산업혁명 시대입니다. 회장이 임직원과 회원의 날 선 비판과 아이디어를 챙겨야 할 이유가 바로 여기에 있습니다. 그러나 예리한 비판이나 좋은 아이디어가 회장에게 전달되기가 쉽지는 않습니다. 소통의 가치에 소홀하거나, 비판과 아이디어의 가치를 모르는 지도자에겐 더욱더 그렇습니다.

회장이 소통에 소홀하게 되면 제도와 정책, 시장질서에서 나타나는 문제점이나 위기의 신호를 제때 파악할 수도 없고, 신속히 대처할 수도 없습니다. 당연히 무능한 지도자로 전락하게 됩니다. 회장에게 소통은 회원과 임직원의 생각 그리고 시장에서 나타나고 있는 다양한 문제점과 신호를 포착하고 기회를 잡을 수 있다는 점에서 소통의 가치는 무궁무진합니다.

## 03) 회장의 소통은 어떻게 해야 하나?

소통이란 '회원 통합'의 수단이자 회장에겐 지도자로서 성공의 기반을 다져줄 수단이자 기회가 주어집니다. 회장은 회원과 자신의 성공을 위해서라도 소통에 충실해야 합니다.

회장은 '매월 2회 이상 회원과 소통을 정례화한다.'라고 선포하고 이를 지켜야겠습니다. 좋은 소통은 회장의 언행에 권위와 리더십의 수준까지 높여 주면서 회원의 참여와 신뢰 그리고 지지 기반까지 일궈 내는 일석삼조(一夕三鳥) 과제입니다. 그러나 소통은 목적에 충실해야 성공할 수 있습니다. 부실한 소통은 불신과 비판만 초래하기 쉽습니다.

소통은 회원과 회장이 서로 존중하는 마음으로 가슴을 툭 터놓고, 회원과 시장의 현안에 관한 문제점이나 가슴속에 쌓여있는 속내를 모두 다 털어놓을 수 있어야 합니다. 회장의 소통은 회원의 삶과 시장의 성장을 위한 기본적인 활동이자, 협회의 성공을 이끄는 가장 효율적인 수단인 것만은 분명합니다.

## 04) 소통에서 성과를 얻기 위해 무엇을 준비해야 하나?

우선 '어떤 비판과 고언을 해도 불이익은 없다!'라고 회장이 선포해야 합니다. 그리고 직접 찾아가서 회원의 생각과 시장 이야기에 귀 기울이고, 성실히 듣고 이해하며 회원과 공감할 수 있어야 합니다. 아무리 심한 비판이나 까다로운 질문도 진솔하게 설명하고 이해시키는 것이 지도자의 비결입니다.

이는 회장의 인품과 리더십으로 회원을 이해하고 공감을 형성해 나가는 과정입니다. 그러나 비판의 내용이 사실과 다르거나 잘못된 정보일 때는, 그 사실을 정확히 알려 주고 이해시키거나 설득할 수 있는 능력과 진솔함도 보여 줘야 합니다.

또한, 참신한 비판과 아이디어의 건의는 즉석에서 이행을 약속하는 결단력으로 더욱 빛나는 자리로 만들어야겠습니다.

## 05) 회장이 굳이 회원과 만나서 소통해야 하나?

물론, 전화나 문자도 소통은 가능합니다. 그러나 얼굴을 마주한 회원의 표정과 몸짓 속에서 나타나는 생각까지 살펴볼 수 있는 대면 소통의 효용성과 가치가 중요합니다. 전화나 문자만으로는 알 수가 없는 것 즉, 회원의 속내까지 파악할 수 있고, 치열한 비판과 토론 과정에서 우리가 살피지 못한 문제나 아이디어가 툭툭 튀어나올 수도 있다는 무한한 가능성은 정말 유쾌한 매력이 아닐까요?

또한, 회원과 소통 과정에서 다뤄지는 정책이나 아이디어는 회원과 지도자의 생각과 시선이 같다는 점을 확인할 수도 있는 진실의 순간들입니다. 그 감동과 느낌은 회원에게 깊은 신뢰와 지지로 나타나게 됩니다. 소통으로 회원의 믿음과 지지를 다지고, 회장은 회원의 지지에 부응하면서 회원 통합과 성장을 위한 '서비스협회'로 발전시켜 나가야겠습니다.

## 06) 역대 회장이 회원과 소통이 부실한 원인은 무엇인가?

소통의 수준과 성과는 회장의 소신과 의지에 달려 있습니다. 회장이 "회원과 자주 만나겠다. 차가운 비판과 고언도 주시라."면서 공약도 했지만, 그걸 실천하기가 쉽지는 않습니다. 회장은 듣기 거북한 비판일수록 진지하게 듣고 성찰하면서 더 좋은 길을 찾아야 하는데 그게 가장 어려운 과제인 것 같습니다. 회장 스스로 비판받는 것 자체를 피하거나 거부하는 태도나 이미지가 드러나기가 쉽기 때문입니다.

소통에 부정적인 회장의 태도나 이미지는 참모나 측근까지도 입을 꽉 다물게 만듭니다. 참모나 측근조차 바른말을 못 할 상황이라면 누가 나서서 무슨 말을 하겠습니까? 이건 회장에게 긴요한 문제나 정보까지 차단하는 겁니다. 스스로 불행을 초래하는 겁니다. 역대 회장들이 회원과 소통에 실패한 원인은 회장을 향한 비판과 고언을 거부하거나 두려워하는 데 있었다고 진단할 수 있습니다.

## 07) 성과를 만드는 회원 소통 방안은 무엇인가?

소통의 성패는 회장의 소신과 태도에서 결정됩니다. 소통을 약속하는 것보다 더 중요한 건 회원을 대하는 태도와 인식에 있다고 할 것입니다. '회원을 위해 일하겠다.'라고 백번 말하는 것보다는, '하는 일마다 회원을 위해 일하고 있다.'라는 사실을 보여 주는 것이 가장 명확한 소통입니다.

즉, '회원을 위해 일하고 있다!'라는 걸 회원이 직접 보고, 듣고 인정하게 만드는 것이 가장 탁월한 소통의 하나입니다.

회원의 필요나 욕구를 해결하기 위한 제안이나, 시장에 이상한 신호가 나타났을 때, 즉시 현장으로 달려가서, 문제를 해결하는 열정을 보여 주는 지도자의 모습이 바람직한 소통이겠지요? 회장이 '회원의 마음'을 얻을 수 있는 절호의 기회는 항상 소통에 있습니다. 그런데도 회장이 가장 꺼리는 일의 첫째가 회원 소통이란 사실은 이해하기가 어렵지요?

## 08) 소통이 아니라 '쇼 판'이란 비판은 어디서 나오나?

회장이 회원을 만나고 대화하는 건 바람직합니다. 그러나 회원을 만나서 '무엇을 어떻게 하느냐?'가 더 중요합니다. 바쁜 회원과 회직자를 불러 모아 놓고 회장이 자화자찬하면서 가르치려 들거나, 일방적인 지시나 하고 끝나는 것은 가장 미련한 처세입니다. 더구나, '연수 교육'이 술타령과 춤판으로 이어진다면 누구나 다 '놀자 판'이라 할 것입니다.

소통의 성패는 회장에게 달려 있습니다. 제안이나 고언, 심지어 회장이 듣기도 역겨운 비판도 거침없이 토해낼 수 있는 자유로운 공간으로 만들어 줘야 합니다. 토론이든 비판이든 속내를 모두 다 까발릴 수 있어야 날 선 비판과 제안 그리고 반론과 재반론이 치열하게 이어지고, 끝판에는 서로 이해하고 존중하면서 끝날 수 있도록 만들어 줘야 합니다. 이렇게 자유롭고 활달한 소통 문화는 회장이 앞장서서 장려하고 지원할 수 있을 때, 비로소 가능해질 수 있습니다.

진정한 소통은 무엇보다도 서로가 존중하는 마음이 있어야 합니다. 특히 중요한 점은 비판과 반대 의견을 받아들이는 회장의 인식과 태도에서 결정된다는 점은 분명합니다.

## 09) 협회와 회장이 회원의 신뢰를 잃은 원인은 무엇인가?

협회는 회원이 있어 존재합니다. 고로 회원의 권익을 옹호하기 위해서 비즈니스 환경을 개선하고 선진 시장으로 이끌어 가야 합니다. 거래의 공정성과 시장윤리로 소비자 보호가 이뤄지는 좋은 시장으로 세상에 이바지해야겠습니다. 그러나 협회는 회원의 관리와 통제라는 인식 속에 정주해 왔습니다.

협회가 '회원의 권익 보호와 시장의 발전, 거래 질서와 직업윤리 확립, 소비자 보호'라는 기본 과제를 수행하기 위한 목표를 향한 활동은 무엇 하나 똑바로 하지 못한 것이 현실입니다. 즉, 회원이 기대하는 정책과 제도 개선으로 회원의 비즈니스 향상을 위한 욕구를 채워 주지 못하였습니다. 회원의 지지 기반을 스스로 무너뜨린 겁니다. 회원이 협회를 떠나는 건, 솔직히 '회원의 필요와 욕구에 지도자가 무심한 데 있었다.'라고 진단해도 무방합니다.

## 10) 회원의 신뢰와 지지를 회복하는 방안은?

첫째, 회장의 소신과 리더십이 가장 중요합니다. 거창한 공약을 했었지만, 한 분도 정책과 전략에서 회원의 욕구를 채워 주는 실력과 리더십은 이제껏 보여 주지 못했습니다.

변화와 쇄신을 이룰 수 없다는 걸 스스로 잘 알면서도 '회장 자리'를 차지할 욕심으로 공약(公約) 아닌 공약(空約)으로 당선하길 반복한 까닭이 아닙니까? 그 많은 공약(公約)이 회원의 표를 훔치기 위한 공약(空約)이란 속임수였었다는 건 충격입니다. 회원의 깊은 분노와 배신감은 지도자를 향한 존중과 기대조차 버리도록 만들어 버렸습니다.

회원의 신뢰는 회장의 언행일치에서 만들어집니다. 회장의 비전과 소명 의식, 회원 성장을 위한 야망과 그 성과를 이루어 낼 수 있을 때, 회원은 변함없는 지지를 보낼 것입니다.

## 11) 회원 신뢰도를 측정할 수 있는 기준은 무엇인가?

회원의 신뢰도 측정 기준으로 '회원 가입'과 '회비'의 납부 여부를 꼽아 봤습니다. '회원 가입률'은 협회의 경쟁력과 사회적 위상까지 추정해 볼 수 있는 지표가 됩니다.

회원 가입률이 높고 결속이 단단한 단체일수록 회원은 자부심과 긍지로 활동하며, 사회로부터 존중받고 있습니다. 회원 가입률이 높은 것은, 협회의 정책과 우수한 대내외 활동으로 회원의 참여와 지지도가 높아지면 회원의 가입률도 높아지는 것입니다. 즉, 협회를 보는 회원의 인식이 반영된 것이 '회원 가입률'입니다. 그게 회원의 신뢰도를 가늠할 수 있는 기준이 되는 것입니다.

## 12) 회원 가입 문제를 해소할 방안은 있나?

협회의 힘은 회원의 참여와 지지도로부터 만들어지는 것입니다. 회원의 가입률을 높이기 위해선 훌륭한 정책과 서비스로 회원의 참여와 지지에서 만들어지는 것입니다.

첫째, '협회에 가입하는 것이 나의 이익이다.'라는 걸 회원에게 보여 줄 수 있어야 합니다.

둘째, 그 이익의 효능과 가치는 지속해서 지원된다는 점을 제도와 시스템으로 보여 주고 회원의 신뢰를 얻어야 합니다.

이 두 가지만 실천해도 회원 가입률 독려해야 하는 굴레를 벗어날 수 있습니다. 즉, 회원의 욕구와 권익을 채워 주는 서비스와 회원 사랑의 진정성이 그 방안이라고 할 것입니다.

## 13) 회원의 참여와 지지율 증대 방안은?

어느 조직이든 크고 작은 불만과 비판은 나타나기 마련입니다. 그걸 언제 어떻게 해결하느냐에 따라서 크게 달라지는 것입니다. 사실 많은 비판과 불만들은 지도자가 보고 싶어도 볼 수 없는 부분에서 나타나는 것들입니다.

그렇게 숨겨진 문제나 허점을 지도자에게 알려 주는 불만과 비판이라면 기꺼이 받아들이고 감사하는 마음으로 즉시, 개선하거나 과제로 선정하는 결기를 보여 줘야 할 것입니다.

그러나 회원 다수가 불만을 토로하고 비판에 나서고 있다면 그건 심각한 위기가 닥친 것입니다. 회장은 즉시 그 원인과 해법을 찾아 소통하고, 회원의 성난 마음을 풀어줘야 합니다. 비판이 끝없이 이어지고 있는 원인은, 부정부패와 권력의 오남용과 비리, 편법, 부실한 인사와 선거 관리 등에서 끊임없이 불거지는 사건들에서 나타났습니다.

이런 현상은 경영철학과 소신이 분명하고, 회원을 사랑하는 회장이라면 하루아침에 해결할 수 있는 아주 쉬운 문제입니다. 회장이 부정부패를 청산하고, 회원 성장을 위해 분투하는 모습을 보여 준다면, 회원은 지지하지 말라고 해도 스스로 참여하며 지지하는 충성심을 보여 줄 것입니다.

협회경영 혁신전략

# 04
## 부정부패와 비리 방지 전략

"전쟁에서도 나라는 살아남을 수 있다.

질병과 빈곤에서도 나라는 살아남을 수 있다.

그러나 정의가 없는 나라는 결국 살아남지 못한다."

_ 파블로 빅토리아

# 지도자의 리더십과 부정부패

우리가 부정부패와 비리가 나타나는 원인을 제대로 파악할 수 있다면 부정부패와 비리를 방지할 수 있는 권력 구조로 설계하고, 건강한 정관으로 개정할 수 있습니다.

만약 부정부패와 비리를 저지르는 지도자가 반복해서 나타난다면 "우리는 왜 이토록 운이 없는가?" 하고 포기하지 말고, 부정부패의 원인을 치유하는 것이 가장 현명한 선택입니다. 부정부패나 비리가 창궐하여 협회의 근간을 망가뜨리는 원인은 감시·감독 기능을 정립하지 못한 정관에 있다고 단언할 수 있습니다.

다산 정약용 선생은 "세상은 날로 변하는데 낡고 썩은 법을 그대로 둔다면 국가는 쇠망하고 사회는 타락하고 백성은 고통으로 신음한다." 라고 한탄하면서 국가의 쇄신을 촉구했습니다.

## 01) 부정부패는 어디서 나타나는가?

첫째는 지도자의 소명 의식 부재에서 나타나는 부정부패입니다. 지

협회경영 혁신전략

도자의 자질이 중요한 문제로서 회장 선출을 잘하면 '만사가 다 해결된다.'라고 말할 수도 있겠습니다.

둘째, 조직 체제와 시스템의 부실함에서 나타나는 부정부패입니다. 이는 정관과 규정의 개정으로 해결할 수 있습니다. 이 두 가지 원인을 찾아 근절할 수 있다면 부정부패는 그날로 사라지도록 만들 수도 있을 것입니다.

### 02) 우리 협회의 부정부패는 어떤 형태인가?

우리 협회 부정부패의 으뜸은 '예산 낭비'입니다. 회원의 회비를 너무 허술히 사용하는 겁니다. 예를 들어, 사업의 정당성과 그 성과가 부정적인데도 불구하고, 과다한 예산을 투입하고, 성과는 없는 경우입니다. 재정에 타격을 주거나, 정당치 못한 절차로 손실을 끼치는 것입니다. 그 대표 사례로,

첫째, '프롭테크 사업을 비롯한 외주 용역 사업'들을 꼽아 볼 수 있습니다. 항시 투입 예산 대비 성과를 제대로 보여 주지 못해서 회원의 비판과 원성이 깊이 쌓이고 있습니다.

둘째, 회장을 비롯한 회직자 선거에서 나타나는 부정부패입니다. 당선을 위한 수단으로 자리(사무총장, 직원)를 거래하는 인사 문제와 금품 선거가 회원사회에 공공연히 회자되고 있습니다.

셋째, 사무처 직원의 채용과 승진 과정에서 부실한 인사 규정과 원칙의 허술함이 직원의 사기를 망가뜨리고 있습니다.

### 03) 부정부패를 막을 방도는 무엇인가?

무엇보다도 부정부패의 징계 수준과 처벌 기준을 정관과 규정에서 엄중히 정하고 그 이행을 엄격히 강제해야 합니다. 특히, 회장과 회직자의 부정부패는 가중 처벌 조항을 신설해서, 청렴과 회직자 윤리를 지도하고, 윤리경영을 확립할 수 있는 감시 기능과 감사 제도를 재정비해야겠습니다.

회장은 경영의 공개와 회계 감사의 실시 권한 등 회장에게 주어진 지도 단속권을 적시에 활용하면서부정부패 방지를 선도해야만 합니다.

또한, 부정부패에 대한 처벌 수위 강화로 조직에 경각심과 윤리의식을 심어주는 부패 방지 교육과 홍보로 건강한 협회로 성장할 수 있는 조직 문화를 형성하여야 할 것입니다.

이런 방안들을 구체적으로 실현하고, 체계적인 평가와 피드백을 통해 지속적으로 개선해 나가야 합니다. 특히 회장이 솔선수범을 보여주며 선도하는 리더십이 가장 중요합니다.

### 04) 부정부패의 늪에서 벗어나지 못하는 원인은 무엇인가?

부정부패 방지는 회장만 잘 바꾸면 해결될 것처럼 말합니다. 그것이 사실이고, 맞는 말입니다. 그런데 우리 협회가 회장을 바꾸고서 뭐가 좀 달라진 적이 있었나요? 전혀 아니지요? 전임자와 달라진 건 찾아볼 수 없었습니다. 회원 대다수가 보고 느끼는 것, 변화는 없었다는 것이 바로 우리의 현실입니다.

그 원인으로 두 가지를 꼽아 볼 수 있겠습니다. 그 하나는 회원과 시장의 발전을 위해 일할 수 있는 체제와 시스템을 갖추지 못하고 있다는 점입니다. 또 하나는 야심 찬 비전과 이상으로 혁신을 주도할 수 있는 지도자(회장)를 만나지(선출하지) 못한 데 있다고 할 수 있습니다.

### 05) 부정부패를 방지해야 할 이유는?

회원이 살고, 협회가 발전해야 미래가 있기 때문입니다. 부정부패는 지도자가 회원의 신뢰와 기대를 배신한 행위이자 가장 나쁜 죄악입니다. 회직자가 부정부패나 비리에 연루돼 있다면 '회원을 위한 소명과 헌신'은 기대할 수 없습니다. 회원의 권익을 도모하고 옹호해야 할 지도자가 회원의 이익과 권리를 훼손하는 부정부패에 관여했거나 사사롭게 이익을 챙겼다고 한다면, 그건 사실상 회원의 권리와 희망까지 수탈하는 악랄한 짓입니다.

회원의 신뢰와 지지 속에서 성장하고자 한다면 회장은 먼저, 부정부패를 방지할 수 있는 감시 시스템을 갖춰야 합니다. 가혹하다 싶을 정도로 엄중히 징계하여, 일벌백계로 다스려야 합니다. 그러한 리더십이 임직원의 윤리와 청렴의 기반까지 다져낼 수 있을 것입니다.

### 06) 부정부패에 관한 질문과 해법은 무엇인가?

첫째, 권력 자체가 지도자를 나쁜 사람으로 만들고 있는 것인가? 둘째, 어째서 우리가 선택한 지도자는 무능하고 부패하는가? 셋째, 훌륭한 지도자를 선출하고, 부패를 방지하자면 어떻게 해야 하나? 이 셋 중에서 가장 중요한 질문은 무엇일까요? 이런 질문은 권력과 부정부패를 이해하고 해법을 찾는 데 유효합니다. 그리고 조직 체제와 시스템을 정확히 파악하고 있어야 권력과 부정부패의 상관관계를 이해할 수 있고, 그 방지 수단도 찾을 수 있습니다.

부정부패에 관대한 체제와 시스템은 부패에 능숙한 사람들을 마구 끌어들이게 돼 있습니다. 부정부패를 저질러도 책임은 없고, 이익만 챙길 수 있는 시스템에서 절호의 기회를 잡자고 불나비처럼 찾아드는 것입니다. 부정부패가 자유로운 곳에서는 건강한 사람마저 부패하게 만드는 현상이 나타나게 됩니다.

건전한 체제와 시스템은 청렴하고 유능한 인재를 끌어들이고, 부패에 찌든 사람마저 청렴한 사람으로 바꿔 줍니다. 이렇게 체제와 시스템에 따라서 부패가 성행하거나 차단되는 점을 우리는 주시해야 합니다. 건전한 체제와 시스템을 갖춘 정관으로 개정해서 부정부패를 철저히 차단해야겠습니다.

## 07) 부정부패에 관해서 회장과 회직자에게 조언한다면?

지도자는 자신의 인품과 그릇을 가꿔야 합니다. 회원에게 봉사할 마음이 아니라면 회직자로 나서서는 안 됩니다. 회직자의 자리는 지위와 권력의 영예나 이익을 주자고 만든 자리가 아닙니다. 오롯이 회원에게 공헌할 것을 요구하고 있습니다.

첫째, 선거에 나서는 동기가 회원을 위해 봉사하자는 마음이 아니라면 절대로 나서지 말아야 합니다.

둘째, 자리와 권력을 준 사람은 회원이란 점을 잊지 말고 명심해야 합니다. 따라서 자신의 의사 결정에서 직접 영향을 받는 회원들과 진솔한 소통에 성실해야 합니다.

자신의 결정으로 회원이 피해를 보게 됐다면 회원과 만나서 그들의 고통을 직접 살피고, 치유하면서 깊이 성찰해야 합니다. 그런 리더십이 지도자를 성공의 길로 이끌어줍니다. 회원의 삶에 영향을 주는 결정일수록 항상 원칙과 상식선에서 해법을 찾아야 합니다. 그걸 못하겠다면 자리 욕심도 내지 말아야 합니다. 즉시 그 자리를 떠나야 합니다.

## 08) 감시 기능은 어떤 변화를 이끄는가?

부정부패를 방지하며 윤리경영의 기반을 다져 주는 변화가 나타납니다. 회원 권익과 협회의 발전을 위한 필수 장치가 분명합니다. 회장과 임직원에게 법과 원칙에 충실하고, 상식의 선에서 일탈하지 못하게 만드는 훌륭한 장치입니다. 운전자가 차량의 속도나 신호를 지키게 만드는 도로의 '감시 카메라'에 비유될 수 있겠습니다.

사실, 부정부패 방지는 회장의 책무입니다. 부정부패의 척결 여부가 협회와 회장의 성패를 가릅니다. 우리 협회는 감시장치가 아예 없습니다. 회장마다 실패하는 비극이 이어진 원인이 바로 여기에 있었습니다. 감시에 소홀한 조직은 부정부패는 물론 권력의 오·남용까지 조장하고 있다고 비난받아야 마땅합니다. 늦었지만 이제라도 부정부패와 권력 오남용을 감시할 시스템을 구축해야겠습니다.

## 09) 감시 시스템 부실에서 나타나는 문제는 무엇인가?

감시 시스템을 잘 갖춘 조직은 투명하고 효율적인 운영으로 회원의 신뢰와 지지를 얻고, 나날이 성장합니다. 우리 협회는 감시 기능을 갖추지 못하고 부정부패로부터 무방비 상태에 있습니다.

이사회와 대의원총회가 행사할 감시의 권한과 책임을 정관에서 정하지 못하고 있습니다. 그 결과 30여 년 동안 우리 협회는 부정부패와 비리가 성행했고, 끝없는 송사와 내부 분열로 협회는 병들고 무능한 회장의 역사를 이어왔습니다.

사실 부정부패와 비리의 창궐로 인하여 나타난 재정적 손실도 심각한 문제이지만 그보다도 회원의 성장 기회와 시장이 발전할 기회를 잡지 못한 것과 그 좋은 기회와 그 많은 돈을 잃어버린 것이 우리의 치명적 손실이었습니다.

부정부패가 회원과 시장의 발전을 가로막았고, 국가·사회의 신뢰를 잃었고, 사회적 평판까지 망가뜨려 버렸습니다.

## 10) 준엄한 감시 기능이 혁신의 조건인가?

그렇습니다. 감시 기능은 원칙과 상식에 충실하고, 투명하고 건강한 협회로 성장하도록 유도하는 데 있습니다. 감시 기능의 권원은 정관에 정해야 합니다. 감시 기준과 원칙을 세우고 이를 준수할 권한과 책임은 회장에게 있습니다. 또한, 이사회와 대의원총회에도 그 권한과 책임이 있습니다.

회장과 이사회, 대의원총회에 권한을 위임한 사람은 바로 회원입니다. 회원이 위임한 권한은 바르게 사용하고 이행해야 합니다. 감시 기능이 없는 정관에 대해 회장과 임원, 대의원은 깊이 성찰하고, 신속히 개정해야 할 것입니다.

우리 협회는 부실한 체제와 시스템 그리고 회장의 부실한 리더십으로 부정부패가 성행하였어도 내버려 뒀습니다. 20여 년 동안 나타났던 부정부패와 비리의 의혹에 대해서 그 진상을 제대로 규명한 적도 없었습니다. 대부분 조사도 하지 않았습니다.

아무리 큰 부정부패 의혹이 나타나도 조사도 하지 않는 것은 우리 협회 지도자가 부정부패를 조장하고 즐기는 것이 아닐까요? 그게 아니라면 이걸, 누가? 어떻게 설명할 수 있겠습니까?

아무리 지도자를 바꿔도 체제와 시스템이 허술하면, 성실한 사람까지도 '이익을 챙겨 보자.'라는 순간적 유혹에 빠지기 쉬운 세태입니다. 엄격한 감시 시스템과 기능으로 부정부패를 차단하는 것이 혁신의 조건이자 유일한 길입니다.

### 11) 고착돼 버린 부정부패와 비리를 차단할 수 있나?

우리 협회에서 감시받는 건 회장과 사무처가 아닙니다. 부당한 의사결정에 대하여 비판하거나 반대하는 회원과 회직자들이 감시받는 것 같습니다. 부정부패와 비리는 지도부와 측근으로부터 나타나고 있는데도 말입니다. 자, 그 해결 방안을 살펴봅시다. 만약 부정부패나 비리를 감시하는 카메라가 작동하고 있어도, 그 앞에서 뻔뻔하게 나쁜 짓을 할 수 있을까요?

도로의 감시 카메라 앞에서 운전자가 신호와 정속을 준수하는 것처럼, 원칙과 신의에 따라서 직무를 수행할 것을 유도하는 것입니다. 이러한 감시 기능의 권원을 정관에서 만들고, 준수해야겠습니다. 회장이 스스로 감시 카메라를 설치한다고 결정하면, 즉시 할 수 있습니다.

즉, 이사와 대의원에게 감시 권한과 책무를 정관에서 부여하고 강제해야 겠습니다. 회장과 사무처는 이사와 대의원의 예리한 감시 카메라를 인식하고, 각성할 수 있는 수준이어야겠습니다.

감사 제도가 유명무실하고, 이사와 대의원에게 감시 권한이 없다면 지도자(회장)는 부정부패나 비리를 저질러도 '나는 처벌을 피할 수 있다.'라는 유혹에 빠지기 십상입니다. 그런 유혹이 부정부패를 조장해 왔습니다. 정관의 개정이 화급한 이유입니다.

감사 제도는 이미 '허수아비' 수준으로 전락해 있습니다. 이사와 대의원에게 감시할 권원도 없습니다. 이렇게 허술한 감시 시스템으로 부정부패와 비리를 누가 제어할 수 있겠습니까?

체계적이고 효율적인 감시 시스템은 회장과 회직자의 일탈을 막아 주면서 훌륭한 지도자로 이끌어 주는 나침반입니다. 부패한 협회를 청산하는 시스템이지만 회장 자신의 성공을 위해서도 촘촘한 감시 시스템을 운용하고, 측근의 부정부패에 더욱 엄중한 일벌백계로 기강을 확립해야 하겠습니다.

이렇게 부정부패와 비리에 대응하는 체제와 시스템이 작동하고 있다면, 설사 나쁜 마음을 가진 사람이 회장으로 선출되어도, 법과 원칙을 강제하는 시스템의 철벽을 넘지 못하고, 회장의 사명에 전념할 수

협회경영 혁신전략

있도록 철저히 준비해야 하겠습니다.

## 12) 부실한 감사 제도가 부정부패를 조장한다는 주장이다. 올바른 주장인가?

그렇습니다. 우리 협회 감사 시스템이 겉으로는 매우 훌륭한 제도입니다. 그러나 깊이 살펴보면 감사가 '감사 활동'을 제대로 할 수 없는 가장 나쁜 제도입니다. 감사 기능과 활동이 바르게 작동할 수 없게 만들어져 있습니다. 아무리 큰 부정부패나 비리로 사무처나 회원사회가 흔들려도 감사가 부정부패나 비리를 감사할 수가 없게 돼 있기 때문입니다.

그 원인은 첫째는 회장의 허락 없이는 감사가 감사 활동을 할 수 없도록 규정하고 있습니다. 부정부패와 비리가 반복적으로 나타나는 주요 원인의 하나가 분명합니다.

이렇게 부실한 감사 제도는 신속히 바로 잡아야 합니다. 즉, 부정부패나 비리의 의혹이 나타났을 경우, 일정 요건(이사의 1/3이나 대의원 1/3)만 갖추면 회장의 의사와 상관없이 감사에 즉시 착수할 수 있도록 강제하는 시스템을 구축해야 합니다. 또한, 감사의 권한뿐만이 아니라 그 책임을 강화함으로써 감사의 활동에 신의성실을 강제해야겠습니다.

이렇게 진취적인 감사 제도 쇄신은 부정부패를 방지하고, 회장에게는 원칙에 충실하도록 압박하면서 훌륭한 지도자로 성공할 수 있도록 이끌어 주는 나침반이 될 것입니다.

## 13) 협회의 감사 제도가 부실한 원인은 무엇인가?

협회 단체의 선출직 감사는 회계와 경영 전반에 전문성이 없는 아마추어가 대부분입니다. 그리고 외부 감사는 회계법인의 감사용역 수주 관계 등으로 협회(회장)의 눈치를 보게 되어 있습니다. 이런저런 사유로 감사의 정확성과 공정성이 흔들릴 수 있는 문제점이 존재하고 있는 건 사실입니다.

우리 협회의 가장 큰 문제는 감사받아야 할 당사자(회장)가 감사의 실시 여부를 결정할 수 있는 권한을 움켜쥐고 있다는 점입니다. 이건 범죄를 저지른 수사 대상자가 자신의 수사 여부를 결정하는 것과 똑같은 경우가 아닐까요? 사실상 감사 제도 자체를 무력화한 건 아닐까요? 감사는 있어도 '감사를 할 수 없는 제도'가 가장 큰 문제입니다.

## 14) 감사의 육성 방안은 무엇인가?

협회의 모든 회직자(회장, 이사, 감사, 조직장)가 자신의 직무를 충실히 수행할 수 있는 교육프로그램으로 훌륭한 지도자로 육성하기 위한 '교육 시스템'을 갖춰야 합니다.

유능한 감사를 육성하기 위해선 먼저, 협회가 준비한 감사 직무교육을 수료한 사람에게 '피선거권'의 우선권을 주어야겠습니다. 물론 감사 업무에 종사한 외부 경력이 있는 사람에게도 피선거권을 주는 것이 마땅합니다.

그러함에도 불구하고, 협회가 준비한 '감사 직무교육'을 이수해야 피선거권을 얻을 수 있다는 원칙을 세워야겠습니다.

또한, 교육 과정과 수료의 기준도 엄격히 하여, 감사의 전문성과 리더십까지 채워 줄 수 있는 전문 교육으로, 감사의 자질과 실력을 배양하고, 감사에 임하도록 해야겠습니다.

감사의 육성 목표는 우리 협회에서 감사로 역임한 분들의 실력을 인정받고 그 평판이 널리 알려져 다른 협회나 단체가 '감사'로 초빙할 수준의 전문 인재로 육성하는 것을 교육의 목표로 삼아야 하겠습니다.

\* \* \*

지금까지 우리 협회의 부정부패와 비리의 실상과 해법에 대해 살펴봤습니다. 결론은 지도자는 청렴하고, 권한과 책무에 충실해야 한다는 점입니다. 지도자에게 막강한 권한만 쥐여 주고, 그에 따르는 책임과 의무는 묻지 않는다거나 책임을 물을 수 없도록 만들어진 기업이라면 그건 하루아침에 사라져 버릴 것이 뻔합니다. 그러나 회원이 모여서 만들어진 협회는 부정부패가 난무해도 건재할 수 있다는 사례를 우리 협회가 보여 주고 있습니다. 그 이유는 재정을 탕진해도, 회비는 또다시 들어오기 때문입니다.

이것이 바로 협회조직의 강점이자 가장 두려운 약점이기도 입니다. 아무런 일을 안 해도, 무슨 짓을 하더라도 회비는 들어온다는 온실 속에서 회원을 관리하고 통제나 하는 수준에서 사무처가 안주하고 있다는 건 너무 수치스러운 일입니다.

회원의 성장을 위한 정책과 서비스(제도, 사업, 정책, 실무 등)를 똑바로 제공하여 회원의 마음을 얻고 건강한 협회로 성장해야 할 책무조차 잊고 있는 것은 아니겠지요?

세상에 가장 어려운 고질병이 부정부패와 비리입니다. 부정부패는 지도자에게 부여된 사명과 책무마저 내팽개치게 만들어 버리는 악마의 속성을 지니고 있습니다. 강력한 권한만 있고, 책임에 대해선 그 누구도 감히 묻거나 따지지도 못하는 절대권력자에게 '이익을 챙길 기회'가 왔을 때, 이를 뿌리칠 수 있을까요? 사실 가장 무서운 건 '어떤 경우에도 안전하다.'라는 믿음과 자신감을 주는 악마의 속삭임입니다.

그 누가 이렇게 강력한 유혹을 뿌리치고, 청렴과 윤리의 신념을 지켜낼 수 있겠습니까? 공자님도 넘어갈 수 있는 무서운 유혹입니다. 이런 유혹이 나타날 수도, 생각도 할 수 없는 건전한 체제와 시스템으로 정비해야겠습니다.

그러나 회장의 권한은 강화돼야 합니다. 회장이 사명과 책임을 지원할 수 있는 권한이 부족하거나 부실해선 안 됩니다. 회장의 권한과 책임은 '회원의 성장과 시장의 발전'을 위해서 회원들이 뜻을 모아 위임한 소중한 권력입니다. 항상 올바르게 사용하도록 엄격히 감시하며 강제하여야 합니다.

회장의 권한과 책임에는 균형을 갖춰야 합니다. 그래야 협회가 윤리

경영을 기조로 투명하고 건강하게 성장할 수 있는 환경과 조직 문화를
조성할 수 있습니다.

지위 고하를 막론하고 부정부패나 비리에는 엄격한 처벌과 문책이
기필코 이뤄져야 합니다. 민·형사상의 책임을 물어야 한다면 그 또한
엄중히 책임을 묻고, 일벌백계로 부정부패를 다스릴 수 있을 때, 회원
과 협회에 희망과 미래가 있습니다.

# 05

## 부동산 정책과 협회의 대응 전략

# 부동산 정책과 협회의 역할

부동산 시장은 회원에겐 삶의 터전입니다. 부동산 시장에서 회원의 비즈니스 환경과 경쟁력 향상을 위한 제도나 정책은 38년 전 법 제정 이후, 단 하나도 찾아볼 수가 없습니다. 이거 배임 아닌가요? 회원의 성장이나 지원 정책은 고사하고, 회원의 건전한 비즈니스 활동조차 자유로운 환경을 제공하지 못하고 있습니다. 회원의 성장과 시장 발전에 걸림돌인 정책과 규제는 협회가 신속히 개선해야 나가겠습니다.

협회는 정책과 제도 개선의 의지가 강력해도 마음대로 할 수 없습니다. 부동산 시장은 국민의 삶과 정치, 경제, 사회적 이해관계가 실타래처럼 얽혀 있어 매우 복잡한 시장입니다. 부동산 시장 정책과 제도 개선을 이루기 위해선 정책 당국의 방향성과 국민의 눈높이에 맞춰서 추진해야 하는 어려움이 있습니다. 정책 당국과 국민이 동의할 수 있는 방향과 해법은 이미 정해져 있습니다. 소비자가 행복한 시장으로 가꾸어 세상을 이롭게 하는 공익에 우선하고 있습니다.

우리 협회는 무엇보다도 세상에 선한 이미지를 쌓아야 합니다. 회원의 성장과 시장의 발전으로 소비자의 권익을 보호하면서 세상에 공헌도 해야 합니다. 그러기 위해서 깊이 살펴야 할 것이 있습니다. 정책과 제도 개선의 방향성과 목표가 분명해야 합니다.

회원 권익의 옹호를 위해서 해야 할 일은 '세상을 이롭게 하는 선진 시장으로 가꿔야만 한다.'라는 방향성의 의미와 가치를 통찰하고 흔들림이 없이 추진해 나가야 합니다. 즉, 세상을 이롭게 하는 선진 시장에서 회원의 복리 증진 기회를 창출하는 지혜를 발휘하여야 합니다.

협회는 세상을 이롭게 하는 선진 시장을 지향하는 정책과 제도 개선 방안을 도전적으로 제시하면서 회원의 복리 증진 방안을 모색해야겠습니다.

## 01) 정부의 정책에 대처할 방안은 무엇인가?

첫째, 정책 당국과 소통과 신뢰가 가장 중요합니다. 사안에 따라서 건의나 제안의 형식으로 시장 현안을 전하는 소통의 일상화가 이뤄져야 합니다. 그러나 시장과 회원에게 중요한 정책과 제도는 주무 담당자와 깊은 소통으로 회원의 시선과 세상에 이로운 공익차원에서 그 해법을 찾아야겠습니다.

둘째, 정책에 숨어 있는 문제점들을 가감 없이 알려 주는 활동은 협회의 가장 중요한 책무입니다. 부동산 정책의 성공을 위해선 정책 입안자가 시장 현황을 파악하고, 이해하는 수준을 넘어서서, 시장전문가 그 이상의 수준으로 올라서 있어야 합니다. 그때, 비로소 부동산 정책에 성공의 확률이 높아집니다.

　정부 부동산 정책의 성공은 자연스럽게 시장의 발전과 회원의 성장으로 이어지도록 이끌어 나가야 합니다.

### 02) 소비자 보호와 선진 시장으로 이끌어 갈 방안은?

　소비자 보호와 선진 시장을 이루기 위해선 협회가 부동산 정책에 관한 지식과 논리, 시장 현황에선 독보적으로 활용할 수 있는 실력을 갖춰야만 합니다. 부동산 제도와 정책에서 나타나는 문제의 근원을 찾아그 해법까지 제시하며 선도할 수 있는 수준으로 올라서야 하겠습니다.

　또한, 정책 당국과 유관 단체 그리고 언론까지도 거부할 수 없는 명분과 논리로 설득하고 이해시킬 수 있는 수준과 역량을 갖춰야겠습니다. 소비자 보호와 세상에 이로운 시장으로 선도하면서 부동산 정책과 방향에 관한 대안이나 개선안을 제시하고, 시장 현안과 이슈를 주도할수 있을 때, 정부 당국도 존중하면서 협회와 손잡고 나갈 것입니다.

　우선, 정부 정책이 어디를 향하고 있는지, 무엇을 이루고자 하는지, 의도를 파악하고 적극적으로 부응해야겠습니다. 그 과정에서 문제점이 보일 땐, 비판보다는 보완할 수 있는 방향이나 대안을 제시할 수 있는 여유를 가지면서, 시장의 발전과 회원의 성장을 도모할 수 있는 실력을 갖추어야겠습니다.

　둘째, 부동산 시장의 제도 개선과 거래 질서, 시장의 윤리 확립 등으로 소비자 보호가 이루어지는 선진 시장으로 더 나은 세상으로 이끄는 공익 협회로 성장해야겠습니다.

셋째, 협회의 사명은 단순히 회원의 성장과 시장의 발전만을 위해 존재하는 것이 아니라는 새로운 인식이 중요합니다. 더 나은 세상으로 이끄는 공익성에 우리가 앞장서야 회원과 시장이 성공할 수 있다는 점을 철저히 인식해야 합니다.

넷째, 시장의 제도와 정책 개선, 소비자 보호와 거래 질서 확립, 시장 윤리 준수 등 사회적 이슈나 과제에 대한 논쟁에서 회원을 지킬 수 있는 역량을 갖춰야겠습니다. 전문지식과 방대한 자료와 통계의 분석과 활용, 시장 현황과 예측 분야에서 독보적 역량을 갖춘 전문인 협회로 성장해야겠습니다.

### 03) 독보적 역량을 갖추기 위해 준비할 것은 무엇인가?

시장에 나타나는 모든 현안과 이슈에 대해서는 그 시장을 주관하는 협회가 전하는 현장의 목소리가 중요하고 그 신뢰도 역시 높습니다. 현장에서 생성된 지식과 통계, 자료 분석으로 생생한 정보로 가공하고 활용할 수 있을 때, 전문인 협회로서 대내외로부터 신뢰를 확립하고, 회원의 사회적 이미지와 평판도 향상시킨다는 점은 분명합니다.

이러한 역량이 출중할수록, 정부 당국도 부동산 정책의 성공을 위해선 협회를 동반자로 받아들이게 됩니다. 그때 비로소 협력과 이해가 중요하다는 점을 인식하고 협회의 의사도 존중하게 될 것입니다.

부동산정보·통계·가공·분석 그리고 활용에서 전문성을 발휘할 때, 대내외 신뢰를 제고하고, 전문인 협회로 성장 방안을 모색해 볼 수 있을 것입니다.

## 04) 시장에 대한 편견과 나쁜 이미지 쇄신 방안은 무엇인가?

우선 '소비자 보호'에 앞장서야겠습니다. 시장 제도와 정책 미비에서 불거질 수 있는 '소비자 피해' 방지에 집중하고, 정부 당국과 함께 해법을 찾아 개선해야겠습니다. 특히, 드러나 보이지 않고 숨어 있는 소비자의 문제점들을 현장에서 찾고, 신속히 개선해 나가야겠습니다.

우리나라 부동산 정책의 가장 큰 문제점의 하나는 '소비자 보호'에 소홀히 하고 있다는 점입니다. 소비자가 자유로운 선진 시장을 이루기 위해서 협회가 나서야 합니다. 정부 당국도 제도나 정책의 미비나 부실함에서 나타나는 소비자 문제를 외면하거나 내버려둬 선 안 됩니다.

그리고 부동산 정책의 성공을 위해서라도 '투기시장'이라는 고루한 편견에서 벗어나야 합니다. 소비자 보호를 위해서 공정한 거래 질서와 윤리의 확립을 목표로 삼아야 합니다. 정책 목표가 변하면 정책 방향과 의제까지 바뀌게 됩니다.

이렇게 소비자 중심으로 전환한 정책 방향에서 희망을 기대할 수 있습니다. 부동산 시장에 관한 국가·사회의 편향된 인식과 공인중개사의 부당한 이미지까지 새롭게 바꿀 수 있을 것입니다.

또한 '투기시장'이란 부당한 멍에를 벗고, 소비자에게 자유롭고 공정한 시장으로 성장을 추구할 수 있는 계기가 될 것입니다. 회원에게 자아 개발로 도전할 기회가 마련 될 수 있고, 정부당국의 부동산 정책을 성공으로 이끌어줄 것입니다.

이런 변화를 위해, 협회는 시장의 생생한 현황과 정보를 신속·정확히 정책 당국에 제공해야 합니다. 그리고 정부 정책이나 제도에서 대안이나 개선점을 제시하는 활동들은 협회에 주어진 책무입니다. 정부 당국도 협회를 존중하면서 협력해야겠습니다.

## 05) '소비자 보호'가 부실한 원인은 무엇인가?

우선, 정부 정책 기조를 '소비자 보호' 중심으로 바꾸고 시장과 함께 해야 합니다. 협회와 깊은 공조 체제를 갖추고, 시장의 본질적 문제와 숨어 있는 문제까지도 찾아서 정책에 반영할 때, 성공의 확률은 높아집니다. 정부 당국은 "소비자 보호와 공정한 거래 질서와 시장윤리의 확립을 위해서 무엇을 어떻게 해야 할 것인가?"라는 질문을 던지면서 고민하고 협회와 공조하는 방안을 찾아 나서야겠습니다.

협회도 단순히 회원의 권익 찾기에 집착하다 보면 시장의 순기능인 공정성과 생산성, 공익성에 소홀히 할 수 있습니다. 정부 당국도 '부동산 투기 근절과 시장의 안정'이라는 단편적 목표에만 집착하다 보면, 소비자 보호 정책에서 나타날 수 있는 공익적 효능과 '시장 가치'를 창출할 수 없습니다.

이렇게 일방적이고 단편적인 시선들이 '소비자 보호'라는 시장의 본질적 효능과 가치를 외면하고 있어, 정부 당국과 협회가 부동산 시장의 발전을 가로막고 있는 모양새입니다.

낡고 고착된 시선으로 만든 정책들이 지속적으로 반복돼 왔습니다. 그 결과는 부동산 시장의 순기능과 이미지까지 망가뜨려 버렸습니다.

시장의 불신과 부정적 이미지만 쌓아온 정책은 지속적인 실패로 이어왔습니다.

이제라도 정부 당국은 '소비자 보호와 선진 시장'이라는 담대한 목표를 향해 새롭게 도전해야겠습니다. 진취적이고 담대한 이상을 담은 정책으로 혁명적 쇄신을 이뤄야겠습니다.

## 06) 부동산 정책을 협회가 선도해야 한다는 주장인데 그 이유는 무엇인가?

협회에서 가장 중요한 업무의 하나는 정책 당국에 시장 현황과 실태 그리고 현장에서 나타나는 문제점과 정보를 정확히 전달하고, 정부가 더 좋은 제도와 정책을 수립할 수 있도록 선도하거나 지원하는 데 있습니다. 시장의 주관 단체로서 시장의 발전을 위한 지원 활동은 사명이자 책무입니다.

이제까지 정부 당국이 제시하고 '수용하라!'라고 하면 그대로 따르는 수동적 입장이었습니다. 그러나 이젠 정부가 수용하고, 반영할 수 있는 정책이나 대안을 제시하며 시장의 발전을 선도해 나가야겠습니다.

정부 당국과 이견이나 시각의 차이가 클 때는 사회적 이슈로 공론화시켜서 시시비비를 가리는 토론에서 정책의 성공 방향을 제시하고 반영시킬 수 있어야 합니다. 정책 당국도 현장을 정확히 파악하고 반영할 때 성공에 이를 수 있습니다.

예를 들어 '부동산은 투기시장'이란 인식을 버리고 '시장질서와 윤리의 확립으로 소비자를 보호한다.'라는 목표로, 소비자 중심의 정책으로 선회하는 것은 '소비자와 공인중개사'에게만 이로운 게 아닙니다. 선진 시장이 세상에 이바지하는 가치도 상당하기 때문입니다.

## 07) 정책 당국에 현안 과제를 제시한다면 무엇이 있나?

'소비자 보호'의 시선에서 시장 현황과 문제점을 정확히 파악하고 목표와 방향을 수립해야 합니다. 사실, 시장의 발전을 위해서 필수 조건인 '공정한 거래 질서와 윤리의 확립'을 위한 방향은 설정도 못 하고 있습니다. 부동산 투기에서 나타나는 정치, 경제, 사회적 문제의 함정에 빠져서, 소비자와 시장 속에 숨어 있는 본질은 살펴보지도 못했습니다.

이젠 정책 당국이 시장을 보는 시선과 목표를 바꿔야겠습니다. 시장의 속성과 흐름, 소비자가 바라보는 시선과 욕구를 바탕으로 새로운 방향과 목표를 수립해야 합니다.

또한, 정책 입안자가 현장에 뛰어들어 직접 보고, 듣고 배우면서, 고민 속에서 얻은 시선을 담은 정책이어야겠습니다. 그때 비로소 협회가 제시하는 건의와 대안에 대해서 이해하고 정확한 소통이 이뤄지며, 이견에 대해서도 이해하고 조율하면서 정책의 완성에 공조가 이뤄질 수 있을 것입니다.

그동안 정책 당국의 의도와 방향은 항상 옳았고 성실했습니다. 그런데도 실패를 반복했던 원인은 어디에 있었나요? 그건, 시장의 실상과 소비자 보호에 소홀히 했다는 점에서 찾아야 합니다.

정책 당국은 이를 인정하고 깊이 성찰해야 합니다. 그런 오류와 시선이 시장과 협회의 호응을 차단해 버린 것이 아닐까요? 이제 부동산 정책은 '소비자 보호와 공정한 질서 그리고 윤리 확립'이란 세 가지 과제에 집중해야겠습니다.

## 08) 정부와 정책 공조를 위해서 준비할 것은?

공정한 거래 질서와 윤리의 확립으로 소비자 중심 시장으로 정비하는 건 정부와 협회에 매우 중요한 과제입니다. '공정한 거래 질서와 시장윤리 그리고 소비자 보호'라는 원칙을 세우는 건 시장의 근본이고 정부가 지향할 방향이 분명합니다. 그러나 현실은 너무나 먼 곳에 서 있습니다.

부동산 정책과 제도 개선을 협회가 선도하자면, 협회가 먼저, 정책 연구개발에 탁월한 능력을 갖추고 나서야 합니다. 협회가 출중한 정책 개발로 우수한 성과를 보여 주지 못하면 정부 당국에 조언이나 대안을 제시하며 공조할 수가 없습니다.

회원과 시장의 문제점을 해결하기 위해서 정부 정책의 성공을 지원하거나 도움을 주고 싶어도, 그렇게 할 수 있는 역량이 없다면 이건 너무 절망스러운 일이겠지요?

따라서 협회는 기본에 충실해야 합니다. 독보적인 정책 개발 능력을 갖추고 제대로 활용할 수 있어야 합니다. 부동산 지식, 이론, 시장과 소비자 그리고 제도와 정책 등 모든 분야에서 독보적 전문성으로 대내외 공신력(公信力)을 배양해야겠습니다.

협회가 부동산 정책을 선도할 수 있는 실력을 발휘할 수 있어야 정책 당국도 파트너로서 효용성과 가치를 인정하고 받아들이게 될 것입니다. 더 나가 국가·사회의 존중과 신뢰를 받는 전문인 협회로 성장할 수 있는 기반과 사회적 명성과 평판도 다져 나갈 수 있겠습니다.

## 09) 시장 제도와 정책 개선을 위한 대외 전략은?

부동산 시장 제도와 정책 방향과 목표는 정책 당국에서 이루어진다는 점에서 정책 당국과 깊은 소통으로 이해하고 존중할 수 있는 관계를 형성하는 데 집중해야겠습니다.

그동안 정치권과 소통에 집중하면서, 주무 당국과 소통과 신뢰 쌓기에는 너무 소홀했습니다. 정책 사안에 따라서는 회원을 동원해 거부하는 몸짓까지 보여 준 사례도 있었습니다. 시장 제도와 정책에 관한 이슈는 주무 당국과 이해와 소통으로 시장에서 나타난 문제를 정확히 전달하고 주무 당국이 이해할 수 있을 때, 더 좋은 제도나 정책으로 정비할 수 있습니다. 따라서 회원과 시장의 문제들을 해결하기 위해선, 무엇보다도 주무 당국과 소통으로 신뢰를 돈독히 하고, 든든한 동반자 관계를 이뤄야겠습니다.

## 10) 향후 주무 당국과 관계를 전망한다면?

주무 당국과 공조 여부와 그 수준은 회장의 인품과 리더십에 달려 있습니다. 특히 부동산 시장은 정치, 경제, 사회적으로 매우 민감한 시장입니다. 부동산 정책은 정부 당국에 가장 어려운 과제로 항상 뜨거운 감자입니다. 상황에 따라 국정까지 흔들며, 정치·사회적으로 거대한 파문을 일으키기도 합니다. 따라서 시장을 관장하는 협회의 기능과 역할도 매우 중요합니다.

부동산 시장은 '정부와 협회의 공조가 어떻게 이루어지는가.'에 따라서 큰 변화나 혁신을 이룰 수도 있고, 정치, 경제, 사회적 환경에 따라 예상치 못한 위기나 변수로 나타날 수 있습니다. 이렇게 다양한 변화나 변수에 대처하기 위해서 주무 당국도 협회와 공조 관계가 매우 중요한 게 사실입니다.

'부동산 시장 안정과 투기 방지'란 부동산 정책 방향과 목표에서 나타나는 장단점을 비교 분석하고 새로운 해법을 찾아 정비해야겠습니다. 협회는 '공정한 거래 질서와 소비자 보호가 이뤄지는 선진 시장'이 정부 당국의 부동산 정책의 방향과 목표가 될 수 있도록 선도해야겠습니다.

## 11) 정부의 부동산 정책 실패의 원인은 어디에 있었나?

아직도 '투기 억제와 통제의 시장'이란 고정관념에 사로잡혀 있기 때문이라 보입니다. 시장 정책을 바라보는 주무 당국의 인식 오류가 부동산 정책의 실패를 반복해 왔다고 진단할 수 있습니다. 시민의 삶의 보금자리인 주택시장은 경제의 울타리를 넘어서, 수시로 정치, 사회적 이슈로 떠오르고 있습니다. 주택시장의 지나친 과열이나 깊은 침체가 나타나면 사회에 거대한 이슈로 제기되면서 정부 당국에 항상 뜨거운 감자로 도사리고 있습니다.

이렇게 중요한 주택시장의 안정에 관한 근원적 해법을 찾기 위한 정부의 노력과 의지에도 불구하고 좋은 성과를 보여 주지는 못했습니다. 그 원인은 주택 가격 안정과 투기 억제라는 방향성 오류에서 나타나는

협회경영 혁신전략

현상은 아니라고 할 수 있을까요?

## 12) 시장 선진화를 위한 대내외 전략은?

협회는 주무 당국은 물론 언론, 정당, 관계 기관, 사회단체와 좋은 관계를 형성하고 이해와 신뢰를 쌓아야 합니다. 그러나 협회가 제자리에서 제 목소리를 올바르게 내기 위해선, '국가·사회에 비춰는 협회의 이미지를 어떻게 보여 줄 것이냐?' 하는 것도 매우 중요합니다. 그동안 우리는 편향된 모습만 보여 줬습니다.

주무 당국과는 제도와 정책에서 조율과 협력보다는 충돌하거나 대립하는 모양새를 보이는 우직함(?)과 정치권에는 간청(?)하는 나약한 모습들뿐이었습니다.

협회가 정책 당국이나 정치인을 만나서 '무엇을 이렇게 해 줘야 한다!'라고 당당하게 요구하는 모습을 국가·사회에 보여 주지 못했습니다. 즉, 정당한 권리를 요구하지도 못한 겁니다.

정치권이나 정부 당국은 똑같은 기준에서 움직이고 있다는 점을 우리는 알아야 합니다. "협회가 무엇을 하고 있나?", "어떤 힘을 얼마나 가졌나?", "세상에 영향력은 얼마나 있나?"라는 질문 속에서, 우리 협회의 위상을 평가하고, 그 평가에 따라서 우리를 대하는 방향과 태도가 결정된다는 점입니다.

즉, 그들의 눈에 비치는 우리 협회가 '강력한 힘과 영향력이 있다.'라고 판단하면 즉시 대하는 언어와 태도까지 달라집니다. 더 나아가 우리가 찾기도 전에 그들이 찾아와서 '원하는 것, 필요한 것이 무엇이냐?'

라고 스스로 도우미를 자청할 것입니다. 협회가 강력한 힘과 영향력을 갖춰야만 할 중요한 이유입니다.

### 13) 그렇게 막강한 힘과 영향력은 어디서 나오나?

우선, 협회경영 전반이 건전하고 공익에 충실한 활동으로 사회에서 좋은 평판을 쌓아야 합니다. 서비스 강화로 회원의 마음을 얻어 강력한 공동체로 결속하는 것도 매우 중요합니다.

둘째, 시장 제도나 정책에 관한 이슈에서 전문인 단체로서 실력과 위상을 보여 줄 수 있어야 합니다. 협회가 주장하는 목표와 논리가 명쾌하고 정당해야 합니다. 그리고 보유하고 있는 시장 통계와 지식정보를 활용하고, 소비자 중심의 선진 시장으로 선도하면서 세상으로부터 좋은 평판을 쌓아야겠습니다.

셋째, 회원의 비즈니스에 지원 서비스를 확장하고 '소비자 보호와 윤리를 기조로 하는 시장으로 가꿔 사회적 가치를 창출하는 선한 시장이라는 인식도 큰 힘이 되겠습니다.

시장 정책과 제도 개선 그리고 대내외 민원도 신속하고 성실하게 해결하면서, 회원의 경제적·사회적 성장을 이끌어서 전문인 위상을 정립할 과제는 협회에 주어진 사명입니다.

협회가 소비자 중심 시장으로 더 나은 세상을 추구해 나갈 때, 부동산 시장에 독버섯처럼 자라고 있는 컨설팅사무소, 대여업자 등으로부터 불거지고 있는 고질병까지 자연히 사라지는 선진 시장으로 성장할 수가 있습니다.

우리가 우리의 의지로 건전한 시장질서를 확립하고, 회원의 성장을 지원할 수 있는 '서비스협회'로 쇄신하고, 건강한 회원 공동체로 힘차게 정진해 나야겠습니다.

# 아파트 분양권과 이주자 택지권 문제

**01) '아파트 분양권과 이주자 택지권 전매시장'은 회원의 지뢰밭인가?**

아파트 분양권과 이주자 택지권 거래에서 파생하는 문제들이 공인중개사를 불법 거래자나 범죄자로 몰아치며 나쁜 직업으로 이미지까지 훼손하고 있습니다. 제도의 미비에서 나타나는 소비자와 회원의 고통을 파악하고 개선 방향이나 대안을 제시하고 신속히 제도를 개선해야 하겠습니다.

우리 협회(회장)가 시장 속에 숨어 있는 문제와 소비자와 회원이 고통받고 문제들을 찾아서 해법을 제시하거나 개선하는 진취적인 모습은 보여 주지 못하고 있습니다. 그 원인은 지도자가 시장에 도사리고 있는 현안을 해결하겠다는 의지와 사명감이 없기 때문이라고 할 수 있습니다. 시장과 회원을 어렵게 하는 문제를 직시하고 고민하며 해결하겠다는 의지와 역량이 없는 무능한 리더십에서 나타나는 문제입니다.

사실, 부동산 정책과 제도의 미비와 방향성에서 나타나는 시장의 문제입니다. 소비자도 회원도 모두 다 큰 고통을 받고 있습니다. 이를 정확히 파악하지 못하고 있거나, 알고 있으면서 방관하고 있다면 이는 지도자로서 자질과 리더십 부실에서 나타나는 문제입니다. 차가운 비난도 마땅합니다.

아파트 분양권과 이주자 택지권(신도시, 산업단지, 공공용지 등) 거래가 소비자와 공인중개사를 투기꾼으로 몰아치고 있는 것이 우리의 현실입니다. 정책 방향과 제도의 미비에서 나타나는 사회적 이슈는 이를 소홀히 한 정책 당국보다도 협회의 책임이 더 크다는 점을 꼭 적시하고 싶습니다.

## 02) 제도와 정책 문제인데 협회 책임이 더 크다는 이유는 무엇인가?

정부의 정책 부실로 나타난 문제는 분명합니다. 그러나 협회가 주도적으로 개선하지 못한 무능함에 대한 책임을 묻는 것입니다. 협회가 부동산 정책과 제도에서 불거지는 문제들로 인하여 소비자와 회원에게 피해가 나타나고 있다면 그 문제점을 찾아 개선하거나 대안의 제시하고, 바로잡아야 할 책무가 있기 때문입니다.

협회는 정부 정책에 부응해야 합니다. 그러나 정책이 시장의 성장을 방해하거나 소비자에 반하는 부분에 대해선, 신속히 대안이나 개선 방안을 제시하고, 그 해결을 촉구해야 합니다.

특히, 소비자와 회원의 권리에 부당함이 따르는 문제일수록 서둘러 해결해야 합니다. 부동산 정책과 제도 속에서 나타나고 있는 시장의 고통을 해결하지 못하고 있다면, 그것은 협회의 책임이라는 지적과 책망을 당연히 받아들여야 할 것입니다.

협회란 시장 제도와 정책의 미비점을 개선하고, 공정한 거래 질서와 시장윤리의 확립으로. 소비자 보호를 위한 방향과 책무에 충실함으로

써, 더 나은 세상으로 이끌어야 합니다.

이렇게 세상에 이로운 활동에 충실할수록 '회원 권익을 옹호할 수 있는 에너지'로 보상받는다는 점을 기억합시다.

### 03) 아파트 분양권과 이주자 택지권 거래에서 나타나는 문제점을 해결할 수 없나?

수요가 차고도 넘치는 시장입니다. 불법 거래가 성행할 수밖에 없는 정책과 제도에서 나타나는 현상이기에 회원의 비판도 거셉니다. 정부의 편의에 따라 준법과 불법이 수시로 변하고 있습니다. 그 기준도 상황에 따라 변하고 모호하여 소비자는 물론 공인중개사도 혼란스럽게 하고 있습니다.

아파트 분양권 전매가 왜? 어디는 불법이고? 어디는 준법인가? 그 기한도 기준도 시장 상황이나 정부 의지에 따라 수시로 변하고 있습니다. 시장의 부침이나 정치·경제·사회적 상황에 따라서 정부가 수시로 변경할 수 있는 고무줄 정책과 제도는 이제 신속히 정비해야겠습니다.

이렇게 정책의 기준과 원칙이 수시로 변하는 상황이 언제까지 이어져야 할까요? 이젠 아파트 분양권과 이주자 택지권도 일반 거래와 같이 자유롭게 거래할 수 있게 될 때, 시장도 건전히 성장합니다. 거래의 규제보다는 근원적 문제를 풀어주고, 소비자가 평온한 시장으로 개선해야겠습니다.

## 04) 공인중개사 제도를 비판하는 이유는 무엇인가?

날이 선 비판자는 '우린 주워 온 자식 같다.'라는 푸념을 넘어서 거친 비난의 날을 세웁니다. 공인중개사는 국가의 필요로 만들어진 '공인중개사법'에 의해서 탄생한 직업입니다.

공인중개사의 권한과 책무는 형평성을 철저히 잃고 있습니다. 법 제정 후 40여 년 동안 책임과 의무는 꾸준히 늘어났습니다. 그러나 공인중개사의 건전한 성장을 지원하는 권익 증진의 정책은 단 한 번도 내놓은 사실이 없었습니다.

회원은 '소비자와 공인중개사를 옹호하는 정책은 없다.'라고 차갑게 지적하고 있습니다. 제도와 정책에서 나타나는 지나친 불균형을 지적한 것입니다.

부동산 투기 방지와 규제를 위한 정책보다는 소비자 보호와 시장질서를 확립을 위한 정책이, 부동산 시장을 건전하게 육성하면서 투기도 방지할 수 있다는 주장들입니다.

부동산 시장 정책과 방향에서 그 우선순위가 공정한 거래 질서와 윤리의 확립, 소비자 보호가 이뤄지는 자유로운 시장으로 이끄는 방향으로 전환해야 한다는 것입니다.

필자도 전적으로 동의합니다. 부동산 정책의 건전한 성공을 위해 가장 바람직한 방향이라고 보이기 때문입니다.

## 05) 아파트 분양권 전매 제도와 이주자 택지권 등 소위 딱지 거래에 새로운 질서(투명하고 정당한 거래 제도)는 어떻게 만들어야 하나?

우선, 부동산 거래에 관한 불법과 탈법의 기준이 모호함에서 나타나는 문제부터 해결해야 할 것입니다. 아파트 분양권과 이주자 택지권의 전매 행위, 즉 '딱지 거래(권리 이전)'는 그 거래 시기나 기준이 수시로 변하거나 다릅니다.

이제 '딱지 거래'도 자유롭게 거래돼야겠습니다. '딱지 권리자'가 재정 능력이 부족하거나 보유할 필요가 없을 때, 필요한 사람에게 넘겨주는 활동은 자연스럽게 시장이 형성되는 것입니다.

소비자의 자유의사에 의한 거래가 왜 정부의 정책이나 필요에 따라서 어디선 합법이고 어디선 불법이 돼야 하는지? 자유로운 가치 교환이 왜 불법과 합법을 오가야 하는지? 이런 현상을 사회적 이슈로 제기하고 국민의 이해와 합의를 통해서 정책 당국과 개선하도록 협회가 앞서야 하겠습니다.

# 소비자 우롱하는 '부동산컨설팅사무소'

### 01) '부동산컨설팅사무소' 이대로 좋은가?

'부동산컨설팅사무소'는 사업자등록만 신청하면 아무나 할 수 있는 시장입니다. 그런데 이들이 시민이 알고 있는 진짜 '부동산컨설팅사무소'가 아니라 '부동산중개업'을 영위하는 편법이자 수단으로 활용하고 있습니다.

'부동산 컨설턴트'는 부동산의 이용, 개발 등에 관한 지식정보를 수집하고 분석하여 그 보고서를 소비자에게 제공하는 업으로써 고도의 전문지식과 경륜이 요구되는 직업입니다.

그러나 사업자등록 과정에서 '부동산 컨설턴트'로서 지식과 경륜 등의 자격을 요구하거나, 실력을 갖추고 있는지, 여부는 확인하지도 않습니다. 누구나 신청할 수 있습니다. 부동산 지식이 전혀 없는 사람도 '부동산 컨설턴트'로 사업을 할 수 있습니다. 이게 정말 말이 되나요?

'소비자 보호'와 공정한 거래 질서와 직업윤리를 확립해야 할 책무는 정부 당국에 있습니다. 아무나 '부동산컨설팅사무소'를 개설하고 소비자를 우롱하며 부동산 시장의 거래 질서를 흔들고 있는 것만은 분명한 사실입니다.

따라서 신속히 '부동산컨설팅사무소'를 등록할 수 있는 자격 요건을 법률로 정하여 소비자 보호에 나서야 할 것입니다. 공인중개사를 배출한 부동산 시장에 유사 명칭이나 형태가 허용되고 있습니다. 협회와 정부 당국은 신속히 이를 바로잡아 선의의 피해자 양산을 방지해야겠습니다.

## 02) '부동산컨설팅사무소' 쇄신 방안은 있는가?

공인중개사법에 '부동산컨설팅사무소' 등록에 필요한 자격과 요건을 정하고, 자격을 취득한 자만이 운영할 수 있도록 개선 방안을 마련해야겠습니다. 소비자가 안심하고 활용할 수 있는 전문시장으로 성장할 수 있는 기반을 조성하고, 부동산전문인의 시장으로 확장해야 하겠습니다.

자격 요건은 부동산 시장에서 일정 기간(5년 이상) 전문인(공인중개사 등)으로 종사한 사람으로서, 대학원에서 '부동산컨설팅학과'를 졸업하고, 인증시험(국가 또는 협회)에 합격한 사람으로 정해야겠습니다. 이는 '부동산 컨설턴트'가 지녀야 할 소양과 전문성 함양으로 전문 서비스 산업으로 육성하는 데 있습니다.

사실, 소비자 보호와 부동산 거래 질서 확립을 위해 신속히 이뤄내야 할 과제입니다. 협회는 학계와 언론, 소비자 단체와 소통하면서, 사회적 이슈로 환기(喚起)시켜야 할 중대한 과제의 하나입니다. 주무 당국과 소통과 공조도 매우 중요하겠습니다.

# 06

## '한방'의 특급 브랜드 전략과 'A 프로젝트'

"같은 일을 반복하면서 다른 결과를 기대하는 건 미친 짓이다."

_알베르트 아인슈타인

"이제까지 30여 년 동안 '한방'은 실패를 거듭했습니다. 충분히 쓴맛을 봤던 방법들뿐이었습니다. 그런데도 불구하고 지도자는 똑같은 방법을 따라 했고, 실패에 실패를 반복했습니다. 우리 얼마나 더 실패해야 성공할 수 있을까요? 회원이 고달파도 협회가 망가져도 상관없습니까? 실패한 길을 따라가면, 무조건 실패한다는 걸 아는 회장이 왜 그 길을 따라갔을까요? 정말 누구를 위한 선택이었습니까?"

이렇게 싸늘한 비판과 질문을 받아야 하는 회장과 임직원은 깊이 성찰하고 대오각성해야 합니다. 너무나 절박한 회원의 아우성이 들리십니까? 여태까지 해 온 방법은 모두 실패했습니다. 성공할 수 있는 길은 아예 찾으려는 의지나 노력도 보이지 않았습니다.

지도자가 나서서 실패의 원인을 찾아 분석하고 해법을 찾아보지도 않았습니다. 새로운 시선도, 아이디어도 없이 무작정 개선한다고 실패한 방법에 거금을 투입하길 반복했습니다. 실패한 길을 따라갔으니 또 실패했고, 거금만 사라졌습니다. 그렇게 거금을 무작정 투입한 이유는 무엇인가요? 속내는 어디에 있었을까요?

이제 회장은 새로운 시선과 아이디어를 갖고 '최고 브랜드로 정상에 선다.'라는 야심 찬 목표를 꼭 이뤄 내고, 회원과 시장에 활기찬 미래를 약속할 수 있어야겠습니다.

협회경영 혁신전략

# '한방'의 브랜드 성패는 회장이 결정한다

프롭테크 시장에서 '소비자 사랑받는 일류 브랜드로 성장하자'라는 담대한 목표를 달성하는 것은, 매우 어려운 과제입니다. 그러나 도전자는 나날이 늘어나고 있습니다. 프롭테크 시장은 창업 자금에 부담이 그리 크지도 않고, 기술 장벽이란 커다란 장애물도 없습니다. 좋은 아이디어만 있다면 손쉽게 누구나 도전할 수 있기 때문입니다.

이렇게 치열한 프롭테크 시장에서 성패는 무엇이 결정할까요? 경쟁자보다 우수한 상품과 서비스로 독창적 경쟁력을 갖추지 못하면 성장은커녕 생존하기조차 어려운 시장입니다. 더구나 남의 아이디어나 전략을 카피해서는 살아남을 수가 없습니다. '한방'이 기업 브랜드였다면 이미 사라졌습니다.

지금도 '한방'은 앞서 나가는 일류 브랜드를 카피하기에 급급한 것이 사실이지요? 그렇다면 이제 우리가 먼저 변해야 합니다. '한방'의 성공을 위해선 "소비자를 사로잡을 방안(아이디어)은 찾아보았는가?", "소비자 욕구를 채워 줄 가치와 전략은 무엇이 있나?", "시장을 선도할 비전과 청사진은 준비됐는가?" 등의 질문 속에서 고민하고 성찰하면서 '최고 브랜드'로 성장할 수가 있는 아이디어와 방법을 찾아 나서야겠습니다.

사실, 우리 협회가 프롭테크 시장에서 최고 브랜드로 올라서기 위해서 '시장의 선도자가 되자!'라는 원대한 목표를 세우고 도전한 역사는 한번도 없었습니다. IT 기업에 프롭테크 시장을 장악당하고서도, 미욱하게 그들이 걸어간 발자국을 따라가면서, '우리도 하고 있다!'라고 생색이나 내면서 잿밥이나 챙기는 듯한 어정쩡한 모습만 보여 주었습니다. 회원의 싸늘한 비판과 비난받는 수모를 수없이 겪어 왔었습니다.

IT 기업의 독점으로 나타날 수 있는 폐해와 횡포로부터 회원을 보호할 수 있는 경쟁력을 갖추기 위해서 우리가 '최고 브랜드로 앞장서는 새로운 길을 개척하겠다!'라는 원대한 야망과 목표를 제시하고, 야심차게 쟁취할 수 있는 회장을 만나야 합니다.

사실, '한방' 사업의 성패는 회장의 통찰력과 이상과 가치에서 빚어지는 내공에 따라서 결정된다고 정리할 수 있겠습니다.

# '한방'과 'A 프로젝트'


프롭테크 시장은 회원과 협회가 한마음으로 지켜내야 합니다. '한방'은 소비자 보호를 위한 공정한 거래 질서와 윤리를 기조로 시장의 발전으로 세상에 이바지해야 하는 공익이 우선하는 사업입니다. 즉, '한방'은 이윤 추구를 목표로 하는 프롭테크 기업과는 달리 소비자 보호를 위한 공정성과 윤리, 신의성실을 기조로 소비자의 사랑과 신뢰를 얻어 낼 방안을 찾아야겠습니다.

'A 프로젝트'는 '한방'이 프롭테크 시장을 선도하자고 야심 차게 준비했습니다. '한방'이 IT 기업보다 더 우수한 아이디어와 기술력으로 소비자와 국가·사회의 신뢰를 받는 최우수 브랜드로 선정되고, 윤리와 신의성실로 소비자의 사랑을 받을 수 있는 매력을 갖추는 조건을 짚어 보면서 준비했습니다.

# 이제껏 해 온 대로 하면 무조건 망한다

### 01) '한방'이 특급 브랜드로 올라설 수 있나?

우리는 해낼 수 있습니다. 먼저 소비자의 필요와 욕구를 채워 주며 사랑받을 수 있도록 준비해야 합니다. 소비자는 정확·신속한 정보 서비스를 자신이 원할 때, 자유롭게 사용하자는 욕구가 있습니다. 신속, 정확, 안전성으로 소비자 권익을 옹호한다는 기본원칙을 세우고, 소비자의 효용성과 욕구, 편의성과 재미, 감성 등에 부응하는 아이디어와 기술 활용에도 앞서야 합니다.

우린 '한방'이란 '앱'으로 프롭테크 시장에 진출했으나 만년 3류 브랜드입니다. 원인은 소비자 마음을 얻지 못한 데 있었습니다. 소비자 마음을 얻어, 특급 브랜드로 올라서자고 준비한 것이 'A 프로젝트'입니다. "소비자 사랑을 먹고, 특급 브랜드로 성공하겠다."라는 확고한 목표와 방향성으로 준비했습니다.

### 02) 'A 프로젝트'의 목표는 무엇인가?

사실 소비자에게 정확·신속한 정보를 전달하고 공정한 거래와 비즈니스 서비스를 요구받는 프롭테크 시장에서 성공하는 데 필요한 요소

협회경영 혁신전략

로 두 가지를 꼽아 볼 수 있습니다. 첫째, 소비자에게 전달하는 정보의 정확성과 신속성 그리고 정보의 가치입니다. 둘째, 공정한 거래와 성실한 거래 서비스를 지원하는 시스템으로 소비자가 안심하고 거래할 수 있어야 합니다. 소비자의 신뢰를 받아야 한다는 점과 전문 비즈니스 서비스로 사랑받아야 성공한다는 점에서 착안하였습니다.

정보의 정확, 신속성과 가치 그리고 거래의 안전성과 전문 서비스로 소비자의 편익성과 권익의 증진을 위해 성실히 준비했습니다. 프롭테크 시장에서 '특급 브랜드로 소비자의 사랑받는 것'이 'A 프로젝트'의 최종 목표입니다.

### 03) 'A 프로젝트'에 회원이 참여하고 지지할까?

사람은 누구나 '더 나은 비즈니스 환경'을 추구하고 있습니다. 우리 회원이 'A 프로젝트'로 더 좋은 비즈니스 환경과 더 많은 고객을 유치할 수 있다면 스스로 참여하게 됩니다.

'A 프로젝트'가 '한방'의 품질과 서비스에 혁신을 이루고, '소비자가 찾아오고 있다.'라는 믿음을 회원에게 심어주는 게 가장 쉽고도 훌륭한 마케팅입니다. 사실, 소비자가 믿고 찾아주는 특급 브랜드로 성장할 수 있다면, 회원의 참여와 지지는 걱정할 필요가 전혀 없습니다.

사용하기 쉽고, 정확한 정보와 가치의 전달로 소비자의 신뢰와 사랑받는 최고 브랜드로 성장하자는 'A 프로젝트'의 목표를 달성하는 데 우리는 한마음으로 참여해야겠습니다.

## 04) 회원의 믿음과 지지를 얻을 방안은 무엇인가?

낯선 것엔 누구나 거부 반응이 나타납니다. 저(필자)도 그렇습니다. 익숙한 것을 버려야 한다면 더욱 그렇습니다. "잘 사용하는 걸 왜 바꿔?"라고 불평하거나 거부할 수도 있습니다. 그런데 'A 프로젝트'로 혁신한 '한방'을 사용해 보니 편하고, 소비자의 방문도 늘고, '소비자가 믿고 찾는다.'라는 걸 확인하게 되면 그 거부감도 사라지겠지요?

사용해 본 회원이 동료 회원에게 "(한방) 아직도 안 쓰니까 징말 몰랐지?"라고 자랑할 수 있도록 탁월해야겠습니다. 회원 참여와 지지의 조건은 오직 하나입니다. 그건 회원에게 '이익과 매력을 줄 수 있느냐?'의 여부에 달렸습니다.

## 05) 지도자(회장)의 IT 지식과 통찰력이 중요한 이유는?

아무리 좋은 기술과 훌륭한 인재가 있어도 회장이 그 기술이나 아이디어의 가치를 이해하지 못하면 그 아이디어는 물론 기술과 인재를 활용할 기회도 잡을 수가 없습니다. 아무리 자세히 설명해 줘도 그걸 알아듣지 못하면 아무리 좋은 아이디어나 기술도 활용할 수가 없습니다. 정말로 소귀에 경 읽기죠?

즉, 회장이 IT 지식에 이해와 통찰력이 없으면, 조직의 '도전하자!'라는 열정과 의지까지 파괴하며 훌륭한 아이디어 활용과 기술 혁신의 기회까지 파괴하게 만듭니다. 회장은 좋은 아이디어와 기술의 가치를 이해하고 지원할 수 있고, 인재 발굴과 육성으로 경쟁력을 확장할 수 있어야 합니다. IT 산업에서 지식과 경륜을 지도자의 첫 번째 덕목으로 꼽는 이유입니다.

## 06) 부동산 플랫폼 시장 어디까지 참여하나?

부동산 플랫폼 시장은 부동산 거래의 공정성과 윤리를 확립해, 소비자 권익이 보호되는 건전한 시장으로 이끌고, 공익과 공공성이란 기조에서 성장해야 합니다. 우리 협회는 정책 개발, 데이터 분석, 시장 변화 예측, 지식정보의 생산과 활용 등으로 독특한 고유의 전문성을 확장해 나가야겠습니다.

부동산 산업에서 통계와 정보 부문을 선도할 수 있는 창의성과 특성을 바탕으로 새로운 길을 개척하며 성장해야 합니다. 이런 프로젝트도 회장의 아이디어와 기획력 그리고 실행력이 중요합니다. 5년 후, 성공한 '한방'을 내다본 얘기입니다.

## 07) 이미 IT 기업이 선점하고 질주하고 있다. 우리가 앞서는 것이 가능한가?

사실 선두 주자는 너무 잘나가고 있습니다. 그건 우리 '한방'이 부실해서 그들을 더욱 빛내 주고 있다고 생각합니다. 그러나 2023년 깊은 부동산 침체로 프롭테크 기업에 잠재하고 있던 약점과 리스크가 현실로 나타나고 있습니다. 최근 언론에 모 기업이 크게 흔들리고 있다는 기사도 있었습니다. 그러나 오히려 더욱 강한 체질로 다지며 기술 혁신을 이룰 것입니다. 그들은 이미 새로운 도전에 착수했을 것입니다.

직방을 비롯한 많은 앱을 두루두루 살펴봤습니다. 그러나 'A 프로젝트'의 아이디어와 특성이 비슷한 업체는 아직 발견하지 못했습니다. 'A 프로젝트'는 '한방'을 최우수 브랜드로 올라 세울 수 있는 비장의 무기가 분명합니다.

## 08) 프롭테크 시장은 이미 포화 상태가 아닌가?

맞습니다. 그러나 경쟁의 본질은 '소비자가 사용하기에 얼마나 쉽고 편한지', ' 정보의 정확성과 신속성, 공정성과 윤리, 전문 서비스 수준 등'에 달려 있다고 봅니다.

여기서 '공정한 거래 질서와 윤리의 확립, 소비자 보호'에 관한 부문은 협회가 솔선수범할 책무이자 가장 잘할 수 있는 영역입니다. 회원의 비즈니스에 전문 서비스 향상프로그램으로 에너지를 공급하며 성장을 지원해야 합니다. 프롭테크 시장에서 일정한 지배력과 강력한 영향력을 확보해야 할 이유이자, 협회에 주어진 시대적 책무입니다.

'소비자 보호와 공익성과 윤리를 바탕으로 성장하겠다.'라는 포부를 지닌 프롭테크 기업이 나선다면 우리는 그들과 긴밀한 협업으로 상생과 호혜의 기회로 만나야 합니다.

또한, 비즈니스 영역과 고객을 확장하고 수호하는 데 필요하다면 우리는 IT 기업과 협업과 M&A(인수합병) 등을 통하여 회원 권익과 시장 영토를 확장하며 지켜내야겠습니다.

## 09) 그건 나 홀로 성장으로 보일 수 있지 않나?

그렇지 않습니다. 직방을 비롯한 많은 앱을 둘러보며 그들의 지향점

협회경영 혁신전략

을 살펴보고 있습니다. 직방이 완벽하다면 우리는 '이 시장에 못 들어간다.'라고 절망하고 포기해야 합니다.

그러나, 지금은 상상력과 아이디어가 중요한 시대입니다. 어느 누가, 어떤 아이디어로 하루아침에 이 시장을 석권하고 선두로 나설지 알 수도 없고 상상할 수도 없습니다.

프롭테크 시장은 정보를 생성하는 회원이나 소비자의 개성이 너무 다양하고 섬세합니다. 그런 부문을 살펴서 채우며 소비자 마음을 얻고, 더 좋은 시장으로 이끄는 것은 협회의 사명이자, 책무입니다. 그런 일은 '우리 협회가 잘할 수 있다.'라고 저는 믿습니다.

그러나 직방 등 프롭테크 기업과 공조로 공생의 기회가 주어진다면, 공생과 공영의 기회를 우리는 잡아야 합니다. 회원에게 다양한 비즈니스 환경을 지원할 수 있다면, 협회가 먼저 나서서 조율해야 할 이유와 가치가 충분하다고 봅니다.

### 10) 그런 구상은 언제부터 하였나?

아주 오래됐습니다. 회원과 소비자가 믿을 수 있는 시장, 소비자가 즐겁게 찾을 수 있는 최우수 브랜드로 올라서는 것이, 회원의 소망이자 협회의 목표가 아니겠습니까?

우린 아직도 그런 담대한 목표조차 세우지 못하고 있습니다. 최우수 브랜드로 성장하는 것은, 협회가 이뤄내야만 할 불변의 목표입니다. 회원의 성장과 시장의 안녕 그리고 소비자를 보호해야 할 사회적, 공익적 책무가 주어져 있습니다.

또한, 시장의 지식·정보의 생성과 가공에 필요한 양질의 데이터를 보유한 강점을 활용하여, 부동산 시장에서 가장 신뢰할 수 있는 지식·정보의 최강자로 성장해야겠습니다. 프롭테크 시장의 오늘과 미래의 고민이 정리된 것들입니다.

### 11) '최우수 브랜드'로 성장, 그것이 가능한가?

프롭테크 시장을 주도할 청사진입니다. 소비자의 신뢰와 사랑받을 수 있는 참신한 아이디어와 매력을 담아냈습니다. 회원은 '한방'의 기나긴 실패에 너무나 익숙해서(?) 구체적인 청사진과 시나리오까지 보여 주며 설명해도, 쉽게 회원의 마음을 얻어내기가 어려운 상황을 만날 것은 분명합니다. 회원은 물론 회직자까지 불신이 쌓이고 쌓여서 자신감도 상실하고 패배주의가 만연해 있습니다.

지금 우리는 회원에게 '탁월한 비전이다.', '우린 할 수 있다.'라는 믿음과 용기를 줄 수 있는 강력한 비전과 리더십이 절실하게 요구됩니다. 회장이 확고한 비전과 소신으로 추진해도 크고 작은 리스크가 따르는 어려운 도전입니다.

회원의 삶과 흥망을 가르는 '한방'의 승리는 혁신을 이루기 위한 필수 조건입니다. 최고 브랜드로 프롭테크 시장의 선도자가 되자는 야심 찬 도전(A 프로젝트)에 회원이 성심으로 응원해야겠습니다.

### 12) 프롭테크에서 '한방'이 3류 브랜드로 떨어진 이유는 어디에 있었나?

첫째, 사업 목표의 부재입니다. 부동산거래정보를 제공하는 앱들은 넘쳐나고 있습니다. '한방'은 소비자 욕구와 편의성 즉, 신속·정확한 정보 서비스에 집중하지 못했습니다.

둘째, 가장 많은 회원(공인중개사)을 보유하고 있는 유일한 강점조차 효율적으로 활용하지 못했습니다.

셋째, 당연히 '한방'을 사용한다는 오판과 미련입니다.

넷째, 소비자 욕구에 관한 통찰과 정보망의 품질 향상과 혁신을 위한 아이디어도 기획력도 없었습니다.

끝으로, 사업의 본질과 가치를 인식하지 못한 무지, 무능한 리더십에 있었다는 진단이 나오는 것은 너무나 애석한 일입니다.

### 13) 'A 프로젝트'를 구상한 이유는?

프롭테크 시장은 무엇보다도 소비자가 호응하고 사랑해야 성공의 기회를 잡을 수 있습니다. '한방'은 한 번도 소비자 마음을 사로잡자는 목표나 전략으로 접근하지 못했습니다. 직방 등의 기술이나 따라가기에 허덕인 것이 정확한 현실입니다. 이건 영원한 3류의 길이자, 패배자의 길입니다.

직방이 간 길을 따라가면서 '직방을 추월할 수 있다.'라고 믿는 어리석은 사람이 얼마나 있을까요? 그러나 이제까지 '한방'을 이끈 지도자는 무조건 그들을 따라 하기에 바빴습니다.

짝퉁이 '명품'을 더 빛내 주듯이 '한방'이 직방 등을 빛나게 해 줬다는 사실에 대해, 우린 깊이 성찰해야 합니다. '직방 등을 뛰어넘자!'라는 원대한 비전과 야망으로 최고 브랜드로 성장할 수 있는 아이디어를 찾는 데 있었습니다.

## 14) 소비자 욕구를 채울 방안은?

'소비자 필요와 욕구를 채워 사랑받자!'라는 것이 'A 프로젝트'의 기본입니다. '한방'이 최우수 브랜드로 굳게 자리 잡고 난 이후, 네이버, 카카오, KT(AI 전화 예약), SKT, 구글 등과 다양한 제휴를 맺는 것은 '회원을 위한 결정'입니다.

우리 회원은 고객을 만날 수 있는 채널이 다양할수록 이득입니다. 다만, 제휴 조건은 항상, 회원과 소비자에게 유익하고 공정해야 합니다. 그러나 일방적으로 퍼 주기만 하는 것은 사실 제휴가 아닙니다. 기존 제휴 업체와 계약 과정과 상세 내용을 검토하고, 미흡한 부분은 다시 조정해야 할 것입니다. 특히 시장질서와 회원의 이해관계 부문에 대해선 치밀히 살펴서 해법을 찾고 신속히 개선할 수 있어야 합니다. 한 치도 소홀해선 안 될 부문입니다.

## 15) 회원의 입소문 마케팅이 중요한 이유는?

'한방'을 사용하고 효과를 본 회원이 전하는 입소문 마케팅이 자연스럽게 이루어져야겠습니다. '한방' 직원이 "이거 쓰면 좋다."고 백번 말하는 것보다는 동료 회원이 "정말 좋아! 한번 써 봐!"라는 한마디가 가장 강력한 신뢰를 전달합니다. 회원이 "한방'을 쓰니까 하루 전화 10통도 받아. 대박이야."라고 입소문을 내기 시작한다면 그건 100% 먹힙니다.

회원 스스로 열 명에게 알리고, 서둘러 가입시킬 수 있는 수준으로

협회경영 혁신전략

'한방'을 잘 만드는 것, 즉 품질의 효용성이 중요합니다. 신속, 정확, 편의성에 소소한 일상의 재미까지 줄 수 있어야 소비자가 호응합니다. 입소문이 번지기 시작하면 회원은 물론 소비자의 호응도 물이 흐르듯 이뤄질 것입니다.

### 16) 앞으로 프롭테크 시장은 어떻게 변화할까?

프롭테크 시장은 빠르게 발전했고, 부동산 거래 시장의 중심으로 확고히 자리 잡았습니다. 더 좋은 시장으로 성장하기 위한 요건은 소비자의 편익성과 신뢰성 확립에 달려 있다고 할 것입니다. 또한, 정보의 탐색과 확인 그리고 계약 과정에서 소비자의 안전성과 편익 그리고 신뢰성이 중요합니다.

거래정보망의 성패는 결국 '누가 더 신속·정확한가? 계약의 안전성과 서비스 수준은 어떠한가?'에 달려 있습니다. 그리고 무엇보다도 소비자 권익을 옹호할 수 있는 거래의 안전성을 확립해야 합니다. 공정한 거래와 사용하기 쉽고, 편리하고, 소소한 재미와 매력까지 담아내야 할 시대에 와 있습니다.

### 17) 정보의 정확성, 신뢰성에 신용과 매력까지 있어야 하나?

그렇습니다. 정보의 정확성과 신속성에 사용하기 편하고 재미와 매력까지 발산하며 소비자의 사랑을 받아야 합니다. 마음에 꼭 드는 매물을 찾은 고객이 "계약하자!"라고 했는데 '없는 물건'이라는 걸 알게 된다면, 얼마나 황당하겠습니까? 그러나 시장에서 수시로 나타나는 안타까운 현실입니다. 그런 낭패를 당한 입장에서, 상상하며 깊이 성찰해야겠습니다.

계약 과정에서 공정성, 안전성은 소비자에게 매우 중요합니다. 따라서 회원 경쟁력과 서비스 향상을 위한 전문지식과 윤리를 기조로 한 비즈니스 서비스 교육에 나서야겠습니다.

소비자가 회원과 거래 후 '이건 전문 서비스야!'라고 느끼고 존중받을 수 있는 수준으로 올라서야겠습니다. 전문지식과 전문 서비스로 얻어진 '회원 평판'은 가장 큰 매력입니다.

## 18) 프롭테크 시장에서 협회의 약점은 무엇인가?

프롭테크 사업의 성공 요소로 꼽히는 아이디어와 기술, 의사 결정 속도, 기술 인력과 개발 비용, 마케팅, 브랜드 전략 등 모두 다 우리 협회의 약점입니다. 특히, 지도자의 지식과 이해의 한계성이 가장 큰 리스크(risk) 라고 할 것입니다.

더구나 협회의 태생적 약점인 의사 결정 과정이 복잡해서 IT 기업의 속도를 따라잡기 어렵습니다. 협회 주요 의사 결정은 이사회와 대의원 총회 의결을 얻어 추진할 수 있습니다. 사업(기술 개발 등) 추진을 결정에 아무리 빨라도 15일 이상이 소요됩니다. (모든 회의 7일 전 서류 전달× 2개 기구)

그러나 IT 기업은 CEO가 결정하면 즉시 추진합니다. 경쟁자는 번개처럼 결정하고 총알처럼 출발합니다. 그러나 그들보다 더 먼저 시작해도 버거운 것이 우리의 현실인데도 불구하고, 사업 결정에만 최소한 15

협회경영 혁신전략

일 이상 늦습니다. 이렇게 큰 걸림돌을 우리는 어떻게 해야만 해결할 수 있을까요?

## 19) 프롭테크 시장에서 협회의 강점도 있나?

예. 우리 협회에도 든든한 강점이 있습니다.

첫째, 부동산거래정보(매도와 매수)를 제공하고 활용하고 있는 소비자로 10만 회원을 보유하고 있습니다. 회원은 부동산 시장에서 성실한 정보 제공자이자, 가장 우수한 소비자라는 점은 우리 협회만이 보유할 수 있는 유일한 강점입니다. 이를 최고의 자원으로 최대한 활용할 수 있어야 합니다.

둘째, 회원의 생존과 번영, 시장의 거래 질서를 확립해야 할 사명을 지닌 협회는 '무한 게임자'라는 숙명이 큰 강점입니다. 인디언이 비가 올 때까지 기우제를 올리듯이 우린 이 시장에서 승리할 때까지 싸워야 합니다. 여기서 패배할 땐 시장 거래 질서와 윤리를 주도할 권원까지 상실할 수 있습니다. 국가가 국토와 국민을 지킬 수 있는 권한을 잃는 것과 같습니다. 이 긴 싸움의 승자는 과연 누구일까요?

셋째, 직장의 안정성입니다. 인사 제도만 잘 정비하면 프롭테크 시장에서 유능한 인재가 찾아드는 훌륭한 직장으로 손꼽힐 수 있습니다. 프롭테크 기업과 달리 직장의 안정성이 강력한 강점입니다. 우수 인재가 성장할 수 있도록 인사 규정을 정비하면 기술과 인재의 문제를 해결할 수 있습니다.

## 20) 프롭테크 기업에도 약점이 있나?

우리가 프롭테크 기업의 급성장과 강점에 놀라서 허둥대는 바람에 그들의 약점이나 리스크 부분을 살펴볼 생각조차 못 하고 있었습니다. 이제라도 정신 차리고 살펴봅시다.

우선, 프롭테크 기업의 주 수입원은 우리 회원의 '광고비'에 의존하고 있습니다. 부동산 시장의 경기가 위축되면 회원의 광고도 줄어듭니다. 따라서 IT 기업의 수입도 줄고, 유지 관리 등에 위험(risk)이 나타나게 됩니다. 특히, 부동산 시장은 침체하기 시작하면 그 기간이 길고 회복에도 오랜 기간이 걸리는 특성이 그들을 더욱 고통스럽게 할 것입니다.

둘째, 기업은 이익을 추구하지만, 우리나라 부동산 시장은 소비자 보호와 공정거래, 공익성이 유별나게 강조되는 시장입니다. IT 기업이 영리에 집중하기가 만만치 않습니다. 예를 들자면 회원이 중개 보수를 통제받고 있듯이 광고비도 통제받을 수 있다는 가능성을 아예 배제할 수 없습니다.

셋째, 시장 성장의 한계성(무한 성장 불가능하다)입니다. 프롭테크 기업의 수익 모델은 '회원의 광고비'에 의존하고 있습니다. 그러나 부동산 시장의 유통량과 광고는 한정돼 있습니다. 따라서 회원의 광고비 지출도 한정됩니다. 프롭테크 기업의 매출과 성장엔 이렇게 한계가 정해져 있습니다.

넷째, 아이디어만 있으면 누구나 쉽게 뛰어들 수 있는 시장입니다. 너무 많은 업체가 치열하게 경쟁하고 있는 과열시장입니다. 거래와 매출이 한정된 시장에서, 한정된 회원의 주머니(광고비)를 놓고 싸우는 치열한 시장입니다. 프롭테크 시장에서 성공 신화나 전설이 나타나기가 어렵습니다.

### 21) 의사 결정 속도는 구조적 문제다. 해결할 수 있나?

해결할 수 있습니다.

첫째, '프롭테크사업부'의 의사 결정을 IT 기업처럼 신속히 결정하고 추진할 수 있도록 바꿔야겠습니다. 법인으로 독립시키든가 자율 경영 체제로 사업부에 전권을 위임하는 방식입니다.

둘째, 인재의 영입과 유지·관리 권한도 위임해야 합니다. 현행 인사 규정으로는 우수 인재 영입과 유지가 어렵습니다. 인사 규정과 시스템을 쇄신해서, 인재의 육성과 성장을 이끌 수 있는 환경을 신속히 조성해야 합니다.

이런 쇄신이 정교하게 이뤄질 때 직방 등 선두 기업을 따라잡고 우리가 앞장설 기회를 포착할 수 있습니다.

문제의 핵심은 우수 인재가 자아실현을 성취할 수 있는 환경으로 지원할 수 있는 회장의 리더십에 달려 있습니다.

### 22) '자율 경영 체제'에서 인사 쇄신이 가능한가?

가능합니다. 협회의 현실과 조직구조를 객관화하여 제삼자가 바라봐도 합리적인 혁신이 따라야 합니다. 인사 규정과 시스템 쇄신으로 목표(인재의 유치와 육성)를 달성하자면 회장은 비정한 결단도 내릴 수 있는 신념이 있어야 합니다.

혁명적 변화를 위한 의사 결정을 내리자면, 회장이 시장의 본질과 프롭테크 시장에 넓은 지식과 의지 그리고 담대한 야망이 있어야 가능합니다. 또한, 혁명적 혁신에는 권력자의 비정한 칼도 휘두를 수 있는 소신도 있어야 합니다.

그러나 내부 분열을 방지하고 결속을 이루기 위해선, 비판자도 반대자도 존중하면서 설득할 수 있는 깊은 식견과 인품도 요구되고 있습니다. 이렇게 철저히 준비된 리더십은 유능한 인재의 본보기가 되고, 난공불락의 IT 기업도 뛰어넘을 수 있는 아이디어와 기술을 지닌 인재들이 찾아들 것입니다.

## 23) 프롭테크 시장은 IT 기업 영리를 위한 시장인가?

2019년 9월 협회가 의뢰한 「용역보고서」에서도 프롭테크 시장을 이미 IT 기업들이 장악하고 있음을 적시하고 있습니다. 일부 회원은 이미 IT 기업의 관리를 받는 상황에 이르렀습니다. 당해 「용역보고서」에서는 자본, 기술, 마케팅, 광고 등 모든 분야에서 '한방'이 따라잡기 어렵다고 진단했습니다. 솔직히 말해 '너희는 포기하라!'라는 잔인한 보고서였습니다.

그러나 우리가 정말 포기할 수 있는 사업일까요? 그건 결코 아닙니다. 우린 이대로 포기할 수 없습니다. 협회가 포기하는 순간, 회원은 IT 기업의 배를 불리는 도구로 전락해 버릴 것입니다. 더 나아가 그들은 부동산 시장까지 주관하겠다고 나설 것은 뻔합니다. 그리고 일부 회원의 '협회 무용론'에 불쏘시개와 화약을 지원하면서 '무용론'을 지원할 것입니다.

여기서 우리는 "프롭테크 시장이 IT 기업의 영리를 위한 시장으로 봐야 할 것인가?", "소비자 보호와 시장의 성장을 이끄는 공익성 시장으로 봐야 할 것인가?" 이 두 질문 속에서 우리 협회와 프롭테크 기업 그리고 국가·사회도 다 함께 고민하면서 프롭테크 시장의 미래를 바르게 정의해야겠습니다.

## 24) 프롭테크 시장에서 '한방'이 'IT 기업을 넘어서자!'라는 건데 그게 가능한가?

저는 가능하다고 생각합니다. 프롭테크 시장이 단순하게 기술만으로 성공하는 시장은 아니라는 것은 이미 입증되었기 때문입니다. 프롭테크 시장에서 돋보일 수 있는 탁월한 아이디어를 갖고 있다면, 기술 문제는 부차적인 문제입니다.

IT 기업을 넘어설 방법은 간단합니다. 소비자 마음을 사로잡을 수 있는 아이디어와 사용하기 쉽고, 신속, 정확한 정보로 '믿을 수 있다.'라는 소비자의 평판을 얻는 데 있습니다.

우리가 이 시장에서 경쟁력을 갖춘 특급 브랜드로 선도하면서 시장을 주도할 수 있을 때 회원의 성장과 건전한 시장으로 유지·발전시킬 수 있습니다. 우리가 IT 기업과 경쟁을 피하거나 도망칠 수도 없는 이유가 여기에 있습니다.

이제 불굴의 정신으로 현실을 극복하고, 도전하면서 IT 기업을 넘어서야겠습니다. 우리가 나갈 방향성과 해법은 나와 있습니다. 성취할 수 있는 야망의 리더십을 찾아야겠습니다.

### 25) 우리의 기술과 재정으로도 그게 가능한가?

성공의 열쇠는 아이디어에 있습니다. 그다음이 기술과 브랜딩, 마케팅 등의 문제입니다. 브랜딩과 마케팅에 투입할 재정은 많을수록 좋습니다. 그러나 우리 재정이 부족해서 걱정할 수준은 아닙니다. 기술에 관한 부분도 걱정하거나 두려워할 일이 전혀 없습니다. 채택한 아이디어를 실현할 수 있도록 설계하고 운용할 수 있는 수준이겠습니다.

우리는 아이디어 하나로 성공한 IT 기업의 성공 사례를 쉽게 찾아볼 수 있지 않습니까? 우리도 할 수 있습니다! 지금도 수많은 창업자가 고유 아이디어를 바탕으로 성공하기 위해서 고군분투하고 있습니다. 소비자 마음을 이끌 수 있는 아이디어가 있다면 기술과 재정은 부차적인 문제입니다.

### 26) 프롭테크 시장에서 '한방'의 성공 요소의 첫째로, 아이디어를 강조했다. 성공 사례가 있나?

아이디어의 가치와 효용성을 크게 빛낸 사례가 있습니다.

양산시설관리공단은 2002년 준공한 양산종합운동장의 관람석은 20년이란 긴 세월에서 빛이 바래 교체해야 했습니다. 2만여 개의 좌석 교체에 14억 원의 예산이 필요했습니다.

그때 양산시설관리공단의 종합운동장팀(정경호 대리 등)에서는 '플라스틱에 열을 가하면 원래의 색으로 돌아오는 원리'를 적용하자는 아이디어를 냈습니다. 종합운동장팀은 이 원리로 의자의 색을 바꾸는 해외 동영상을 봤고, 집에 있는 가정용 토치를 사용한 실험을 했습니다. 그리고 원래의 색으로 돌아온다는 결과를 확인한 후, 운동장의 일부 좌석에 가열하고, 7개월간 지켜본 결과 의자에 변형도 없다는 우수한 결과를 확인했습니다. 양산시설관리공단은 이 아이디어를 채택했고, 14억이란 막대한 자금을 투입해야 할 사업을 단돈 200만 원으로 해결할 수 있었습니다.

종합운동장팀은 직장 현안에 성실히 고민(궁리)했고, 해외 영상을 보다가 '바로 이거다!' 하는 영감에서 그걸 직접 확인하고 채택된 아이디어가 성공한 사례입니다. 정말 훌륭한 조직 문화이자, 직장인의 표상으로 길이 빛날 것입니다. (위 사례는 2024년 2월 26일 자 「조선일보」 기사와 양산시설관리공단의 정경호 대리와 통화한 내용을 정리하였습니다.)

\* \* \*

지금까지 프롭테크 시장에서 '한방'이 실패만 반복한 원인을 찾아보며 그 해법도 살펴보았습니다. 지난 30여 년간 실패만 반복해 온 우리 협회의 '한방'에도 강점과 기회가 있다는 사실에서 우리는 희망의 새싹을 만나 볼 수 있었습니다.

그리고 우리는 프롭테크 시장에서 IT 기업의 약점과 리스크가 무엇인지도 찾아서 살펴볼 수 있었고, IT 기업의 성장은 프롭테크 시장의 크기에 정비례한다는 점에서, 그들의 확장성과 그 한계성까지 들여다볼 수 있었습니다.

이는 우리 협회가 프롭테크 시장에서 '한방'이란 브랜드로 건전한 성장과 발전을 이루기 위해서, 그리고 IT 기업과 상생과 협업의 방안을 찾기 위한 지피지기 과정이었습니다.

이제 우리는 '한방'의 'A 프로젝트'를 과감히 추진하고 성공해야겠습니다. 소비자의 사랑받는 '최우수 브랜드로 우뚝 서자!'라는 야망을 이루기 위해서 전력을 다해야겠습니다.

프롭테크 시장을 훌륭한 비즈니스 환경으로 조성하고, 회원에게 더 나은 비즈니스 환경을 구축하는 그 날까지, 우리는 한마음으로 'A 프로젝트'의 성공을 위해 집중하고 소비자에게 매력을 주는 '최우수 브랜드'로 우뚝 올라서야겠습니다.

우리협회는 소비자의 신뢰와 사랑을 받는 최고의 품질과 가치를 유지·발전시키기 위해서 끊임없이 노력하며, 프롭테크 시장의 지도자이자 보안관으로 성장해야 할 것입니다.

# 07

## 연구개발 사업과 회원 성장 전략

# 연구개발의 장·단기 목표와 재정

　연구개발 사업은 기존 지식과 서비스를 넘어서 새로운 지식과 서비스를 창출하고 활용하기 위해서 추진되고 있습니다. 회원의 경쟁력 향상과 시장의 발전을 위해서 필요한 지적자산을 구축하고 최유효 활용 방안을 모색해야 합니다.

　또한, 부동산 정책과 제도에서 나타나는 문제점과 부실한 부분의 대안이나 개선 방안을 준비해야 합니다. 회원의 경쟁력 제고와 시장의 발전, 소비자 보호로 국가·사회에 이바지하는 공익성을 확장하는 것을 그 목표로 삼아야 합니다.

　그러나 우리 연구개발원은 부동산 제도와 정책의 부실함에서 나타나고 있는 크고 작은 문제들을 해결하기 위한 장·단기 목표나 전략을 찾아볼 수가 없습니다. 지도자인 회장의 소신과 의지도 보이지 않습니다. 이렇게 연구개발원에 장단기 목표도 없고 과제도 보이지 않는 까닭은 회장의 경영철학과 리더십 부실로 나타나는 한계성이라고 할 것입니다.

　　　　　　　　　　　　　　　협회경영 혁신전략

지도자의 무지와 무능은 회원과 시장에 나타나 있는 수많은 현안과 난제를 더욱 어렵게 만들거나 악화시키면서 회원의 비즈니스 환경에 고초를 더해 왔습니다. 이에 대한 날카로운 비판과 대안들이 바로 해법일 수 있습니다.

　협회는 부동산 시장에서 발생하는 다양한 이슈들에 대해 정확한 이해와 분석 자료를 제시하며 전문성과 공익성을 살릴 수 있을 때, 대내외 명분과 당위성을 구축할 수 있습니다.

　또한, 회원이 부당한 비판이나 누명을 쓰게 되는 상황이 나타났을 때, 공인중개사와 시장의 잘못이 아니라는 사실과 제도와 정책에서 나타나는 문제라는 명확한 근거를 제시하고 설명할 수 있는 자료와 논리를 철저히 준비해야겠습니다.

　시장에서 나타나는 수많은 문제나 위기 상황은 지도자의 리더십에서 비롯된 것이라 진단할 수 있습니다. 그 사례로 수시로 사회적 이슈로 불거지고 있는 부동산 투기 현상에서 그 주범으로 회원이 지목되어 부당한 시선과 핍박을 받아왔습니다. 그러나 제도와 정책에서 불거진 문제였다는 근거를 제시하면서, 당당히 회원의 누명을 벗겨 주지 못했습니다. 회원에겐 너무나 절박한 문제입니다.

　협회는 정부 정책과 방향에 따르면서, 부동산 제도와 거래 질서의 확립, 윤리와 소비자 보호, 사회적 가치 창출로 세상에 이바지해야 합니다. 이를 위해서 연구개발 사업에서 훌륭한 성과물을 얻는 것과 이를 잘 활용할 수 있는 리더십이 매우 중요합니다.

협회는 주무 당국으로부터 제도나 정책의 변화에 관한 내용을 미리 통보받고 있습니다. 그때, 연구개발원이 제 할 일을 제대로 할 수 있어야 합니다. 제도와 정책의 변화로 나타날 수 있는 장단점과 미비한 부분을 살펴서 개선 방안이나 대안을 제시하고, 주무 당국을 이해시킬 수 있는 역량을 발휘할 수 있어야 합니다.

이런 역량을 강화하기 위해서 회장은 어떠한 상황에서도 흔들리지 않고 장단기 목표를 추진할 수 있는 예산이 안정적으로 지원할 수 있는 시스템(예산 규정)을 갖춰야 합니다.

'부동산정책연구원'은 37년이란 긴 역사가 있지만 이렇다 할 실적도 성과도 내놓질 못했습니다. 연구원의 목표 부재도 심각한 문제입니다. 그러나 회장의 리더십이 더 큰 문제입니다. 연구개발 사업도 결국, 지도자의 문제였습니다.

### 01) 연구개발의 장·단기 목표가 없는 것이 사실인가?

그렇습니다. 목표가 없다는 것은 개인이든 단체든 치명적 위기입니다. 목표가 없는 단체나 팀에서 누가, 무엇을, 어떻게 시도할 수 있을까요? 연구 사업의 성패 여부는 지도자의 철학과 의지에서 결정되기 마련입니다. 회원이 고통스러운 현안을 파악해서, 쉬운 문제는 단기 과제로, 어렵고 복잡하거나 미래 과제는 장기 과제로 정하고 추진해야 합니다. 우리 협회는 사업 목표나 방향조차 세우지 못하고 있습니다. 인재와 재정 문제는 부차적입니다. 리더십의 문제입니다.

### 02) 연구원(硏究員)의 문제는 무엇인가?

연구원(硏究員)은 이론과 지식의 시선으로 시장을 보고 있습니다. 부동산 제도나 정책에서 불거지는 폐해나 현장에 숨어 있는 문제점, 비즈니스 현장에서 나타나고 있는 실상에는 이해가 부족하고, 이 부분을 채워 나가야 합니다.

이를 위해선 전문지식과 비즈니스 현장 경험에서 얻어진 내공과 식견을 지닌 회원을 선발하여 연구 과제에 참여할 방안이 필요합니다. 탁월한 식견을 지닌 인재는 많지만, 그들은 삶을 위한 비즈니스에 우선하여야 합니다. 연구 과제에 참여하는 건 보람찬 일이지만 자신의 비즈니스에 나타나는 손실이 참여를 망설이게 만들고 있습니다.

우수한 교육(석·박사)과 현장 경륜에서 발휘되는 탁월한 시선으로 연구 과업에 참여하고 우수한 성과를 만드는 연구활동은, 회원과 시장의 발전을 위한 유쾌한 도전입니다. 또한, 긍지와 자부심을 채워 주는 보람도 있습니다.

회장은 유능한 분들이 스스로 참여할 수 있는 동기와 매력을 줄 수 있는 환경을 꾸준히 조성해 나가야겠습니다.

### 03) 연구개발 활성 방안은 무엇인가?

첫째는 개방성입니다. '부동산정책연구원'은 부동산 정책과 제도, 거래 질서 등에 관하여 각부서와 소통이 중요합니다. 부서마다 고유의 시선과 아이디어로 자유로운 의사 표시와 피드백으로 부서 간 벽을 허물고 소통해야겠습니다. 프롭테크사업부, 공제사업부, 교육, 홍보 등 전 사무처 직원이 연구과제에 공조할 수 있는 조직 문화를 조성하는 겁니다. 연구개발의 과제나 방향성 등에 관한 아이니어는 사무처 모든 직원이 하나의 팀처럼 제시하고 참여할 수 있어야겠습니다.

이런 개방성은 연구원이 아닌 사무처 직원의 객관적 시선에서만 얻을 수 있는 참신한 아이디어나 방향성을 얻을 수 있기 때문입니다. 이는 회장의 혜안과 리더십이 따라 줘야 합니다. '부동산정책연구원'만의 과제가 아니라 전사적 과제로 삼고 참신한 아이디어 발굴에 나서야 하겠습니다.


### 04) 연구개발 목표 달성과 회장의 리더십 관계는?

회장은 장·단기 목표를 명확히 확정하고, 목표를 달성해야 할 기한을 정해주고 독려해야 합니다. 조직에 장·단기 과제와 목표가 없다는 건 "아무것도 안 하겠다거나 아무것도 하지 말자."라는 것과 똑같습니다. '부동산정책연구원'이 알아서 하라는 것이고, 성과나 책임도 묻지 않겠다는 것입니다.

이렇게 무지, 무책임한 리더십은 가장 두려운 걸림돌입니다. 회장은 '부동산정책연구원'의 기본 과제와 현안을 장·단기 목표로 분류해, 과제별 기한을 정해 독려하고, 지원해야 할 책무가 있습니다. 회장은 연구개발의 가치와 효능을 실현하기 위한 야심 찬 목표를 제시하고 독려해야겠습니다.

### 05) 연구개발 활동과 성과가 부실했던 원인은 무엇인가?

시장 현안에 관한 연구개발 관제에서 얻어지는 결과물의 가치를 효율적으로 활용할 수 있는 지도자(협회)의 혜안과 리더십이 중요합니다. 특히, 결과물의 활용에서 얻을 수 있는 가치와 효능을 아는 지도자일수록 연구개발에 더욱 정진하고 소중한 사업으로 챙길 것입니다. 연구개발에서 회장의 리더십이 중요한 이유입니다.

연구개발의 성과와 실적이 부실한 원인은, 인력과 재정만의 문제가 아니었습니다. 협회가 명확한 목표와 방향을 설정하지 못했고, 지도자의 리더십에서 나타난 문제였습니다. 회장이 바뀌어도 '부동산정책연구원'의 장단기 목표와 과제가 변함없이 진행될 수 있어야 합니다. 특히. 기본 과제는 장기 과제로 끊임없이 성과를 이뤄내야 하는데 이를 지켜 줄 수 있는 제도적 장치는 보이지 않고 있습니다.

### 06) '연구개발의 이슈'는 선거 때만 반짝 빛나고 사라지는 이유는 무엇인가?

그 원인으로 세 가지를 꼽아 볼 수 있겠습니다.

첫째, 회장이 연구 사업의 효능과 가치를 이해하지 못하는 경우입니다.

둘째, 회장이 시장의 제도와 정책에서 나타나는 문제들로, 회원이 고통스러운 문제를 적시에 해결하겠다는 의지가 없거나 해결 방향이나 방안을 모르는 경우입니다.

셋째, 회원과 시장 발전을 위해 '무엇을 어떻게 해야 할지'를 모르는 경우입니다. 가장 무능한 지도자입니다.

이 셋 중의 하나에 속하는 사람은 연구개발 사업은 물론, 회원과 시장의 발전에 관심이 없는 사람입니다. 당연히 예산 편성도 인색하겠지요? 현재, 다수(7명)의 직원만 배치하고 연구원의 장단기 목표도 보이지 않고 있습니다. '부동산정책연구원'이란 이름이 민망합니다.

### 07) 지도자가 소홀했다는 지적이다. 그 원인은 무엇인가?

첫째, 회장은 쉽고 빠른 성과를 내고, 그 공적을 생색내고 싶은데, 사실 연구개발 사업에서 성과를 올리자면 긴 시간이 소요되고 결실과 성공 여부도 만만치 않습니다. 이게 싫은 겁니다. 둘째, 연구개발의 성과로 얻을 수 있는 가치와 효능을 모르는 무지에서 나타나는 현상입니다. 연구개발의 성패 여부도 회장 리더십이 결정한다고 할 것입니다.

### 08) 연구개발의 효능과 가치는 어디에 있나?

연구개발 사업의 효능은 시장 제도와 정책 그리고 거래 질서와 윤리의 문제를 새롭게 정립하고, 사회적 이슈가 나타났을 때, 그 대안이나 해법을 제시하면서, 회원의 성장과 시장의 발전을 촉진할 기회를 창출하는 데 있습니다.

부동산 시장에서 나타나는 이슈들은 경제를 뛰어넘어 정치·사회적으로 매우 민감하게 작동하고 있습니다. 회원이 투기의 주범으로 내몰리는 억울한 현상은 막아야 하겠습니다. 효율적인 연구개발로 국가·사회가 수긍할 수 있는 대안과 해법을 제시할 수 있는 역량을 갖추고, 이해시키고 설득할 수 있는 지식과 논리를 갖추고 대응해야겠습니다.

협회가 정책과 제도에 관한 대안이나 개선안을 제시할 때는 국가·사회가 거부할 수 없는 명분과 논리로 무장하고, 거침없이 추진할 수 있는 실력으로 도전해야 합니다.

즉, 시장 제도와 정책의 미비에서 나타나는 현안들을 모두 발췌해 원인과 해법을 찾아야 합니다. 그렇게 준비하고 나면 어떤 이슈가 나타나도 당당히 대처할 수 있는 여유를 가질 수 있습니다.

회원과 시장의 발전, 소비자 보호와 윤리, 사회적 가치 창출과 공익성 확장 방안을 중심으로 성실히 추진하는 연구개발 과제들은 회원과 시장에 가장 든든한 지원군입니다.

## 09) '부동산정책연구원'의 성장 방안은 무엇인가?

부동산정책연구원의 현황은 어렵습니다. 장단기 목표도 없고, 자생력도 없습니다. 협회가 보유한 방대한 데이터와 자원도 활용하지 못하고 있습니다. 사실, 많은 협회가 정부의 국책사업 용역을 수행하면서 전문성과 그 위상을 과시하고 수익까지 창출하고 있습니다. 그러나 우리 협회는 주무 당국으로부터 용역을 수주한 사실이 없었습니다. 한마디로 무능한 탓입니다. 당국이 믿고 용역을 의뢰할 수 있는 전문성과 역량을 갖추고 있지 못한 것이 그 원인이겠지요?

이제라도 연구개발 사업의 담대한 목표를 청사진으로 제시하고 추진해야 합니다. 우리 협회만이 보유한 특성과 전문성의 고도화로 우리만의 고유 영역을 구축하고 성장해야겠습니다. 구체적인 목표와 전략을 세우고 절치부심(切齒腐心)할 때 우리만의 영역과 독창성으로 위상을 정립할 수 있을 것입니다.

부동산학계에 인재는 많아도 부동산 거래 시장에 관한 인재는 손꼽아볼 정도이고, 연구개발 과제와 재정 지원 상황도 가장 열악하다고 알려져 있습니다. 협회가 진취적인 목표를 설정하고 회원에게 희망을 주고, 국가·사회에 선한 영향력을 발휘할 수 있는 연구개발원으로 성장해야 하겠습니다.

## 10) 정책연구원의 지식·정보 활용 방안과 전략은?

부동산 정책 연구개발의 성과물과 지식·정보의 공유와 활용은 중요한 과제 중 하나입니다. 이를 통해 학계와 연구기관 그리고 유관 단체들과의 협업과 공조로 부동산 시장의 발전을 위한 정책의 연구개발에 이바지할 수 있습니다.

또한, 회원에게도 지식·정보 자원을 개방함으로써 학습 기회와 비즈니스 활용으로 성장을 지원하는 것도 중요합니다. 이러한 과정은 회원 간의 신뢰와 결속을 강화하고, 정책연구원의 신뢰도와 지지를 높이는 데도 이바지할 것입니다.

특히, 예산 관리제도의 확립은 연구개발 사업의 효율성과 안정성을 위해 꼭 이뤄야 합니다. 이는 연구개발 사업의 우선순위와 자원 배분에 중요한 역할을 담당할 것입니다.

## 11) '부동산정책연구원'의 산학 협력 방안과 전략은?

우리 협회는 인재 부족으로 산학 협력이 절실합니다. 회원과 시장에서 나타난 문제와 이슈들이 산더미처럼 쌓여 있습니다. 그러나 장단기 목표도 없는 협회와 지도자를 우리는 어떻게 이해해야 할까요? 연구개발 사업에서 성과를 이루는 것은 어려워 보이지만, 그 결과에서 얻을 수 있는 효능과 가치는 무한하다는 사실을 알아야 추진할 수 있습니다.

부실한 정책과 제도에서 나타나는 회원의 고초를 해결하기 위해서 과감하게 인적, 물적, 투자로 연구개발의 중흥기를 창출해야겠습니다. 회장의 통찰력과 리더십을 입증할 수 있는 사업으로 연구개발과 프롭테크 사업을 꼽아볼 수 있습니다.

\* \* \*

지금까지 우리 협회의 연구개발 현황을 살피고 정리해 봤습니다. 연구개발(R&D) 사업은 새로운 지식의 창출과 기술 혁신을 통해 회원과 시장의 발전을 위한 활동입니다. 회원과 시장의 지속 가능한 발전을 위한 기반을 마련하고, 회원과 협회의 경쟁력을 강화하는 데 필요한 기능과 역할을 담당하고 있습니다. 또한, 연구개발은 전문 비즈니스 역량 강화와 서비스 혁신으로 선진 시장을 구현하여 국가·사회에 이바지하고 있습니다. 따라서, 연구개발에 대한 투자는 단편적 성과나 시선을 넘어서 지속적인 투자가 요구되고 있습니다.

협회는 연구개발 사업을 통해서 선진 시장으로 이끌어서, 거래 질서와 윤리의 확립으로 소비자 보호 문제를 해결하고, 새로운 비즈니스 전략과 전문 서비스를 개발할 수 있습니다. 또한, 회원의 비즈니스 경쟁력을 강화하고 소비자가 행복한 선진 시장으로 성장할 수 있는 시장으로 발전을 이끄는 핵심 기능과 역할을 담당하고 있습니다.

이는 회원과 시장의 성장을 넘어서 더 나은 세상으로 가꾸며 국가·사회에 공헌하는 활동입니다. 따라서 연구개발 사업은 협회의 핵심 과제이자 전략 과제의 꽃이라 할 것입니다.

협회경영 혁신전략

# 08

예산 관리의 건전성과 회원의 성장 전략

# 회원이 낸 회비는 똑바로 쓰고 있는가?

예산서를 펼쳐 놓고 '무엇을 이루자는 목표로 어디에 얼마나 예산을 편성하였는가?'를 살펴보면 지도자(협회)의 경영 목표와 전략이 다 보입니다. "회원을 위해 일한다."라는 지도자의 주장이 맞는 말인지, 아닌지. 확인할 수 있습니다. "회원을 위한 과업에 얼마나 예산을 편성했나?"라는 질문을 던지고 꼼꼼히 살펴보면 누구나 판단할 수 있습니다.

회장이 예산의 편성과 관리에서 실패한다는 것은 단순히 돈만 잃는 것이 아닙니다. 회원과 협회가 성장할 수 있는 기반과 기회까지 잃고, 회장 자신의 권위와 리더십까지 위기에 내몰릴 수 있습니다.

협회 살림살이의 기반인 예산의 편성과 관리에서 허술함이 반복적으로 나타났다는 점에서, 회장은 예산 제도의 문제점을 고민하고, 혁신 방안을 찾아서 시급히 개선해야겠습니다.

우리 협회 예산의 총액이 결코, 적지 않은데 회원과 시장의 발전을 위한 예산은 왜 그렇게 적은지? 왜 그리 허접한 실행과 관리로 '예산 목표와 성과'를 달성하지 못하는지? 그 원인과 배경까지 깊이 파헤쳐서 분석하고 그 해법을 찾아서, 예산 제도의 혁명적 쇄신을 이뤄 내야겠습니다.

### 01) 예산이란 무엇인가?

예산이란 장·단기 경영 목표를 숫자로 표시한 것입니다. 어떤 목적을 위해서 어떤 과제에 얼마만큼의 예산을 투입할 것인지 숫자로 세세하게 표기합니다. 이건 숫자로 표기하고 있어서, 거짓말도 할 수 없습니다. 경영 목표와 실체를 고스란히 보여 주는 증거자료입니다.

특히, 편성한 예산 총액에서 회원과 시장의 발전을 위해 편성한 예산 금액이 몇 %인지, 따져 보면 회원을 위하는 지도자의 열정과 의지를 확인할 수 있습니다. 그 예산을 회원과 시장을 발전을 위한 목표와 열정을 측정하는 기준으로 삼아 회장을 평가할 수도 있기 때문입니다.

우리 협회는 "회원의 복지와 서비스 증진을 위한 예산을 우선 배정한다."라는 예산 편성의 기준과 원칙을 수립하지 못했습니다. 따라서 회원과 시장의 발전에 우선하는 기준이나 원칙에 따르는 예산 편성을 수립하지를 못하고 있습니다.

회원 권익과 복리 증진이란 지도자의 사명을 수행하지 못하고 있는 것입니다. 이는 회원의 복리 증진을 이뤄냈을 때, 회장에게 안겨 주는 '치적의 영광'에 무지한 탓이라고 할 것입니다.

### 02) '예산 편성이 잘되었나?' 여부는 어떻게 알 수 있나?

첫째, 예산이란 장·단기 사업의 목표를 이루기 위해 자원을 효율적으로 배분하는 활동입니다. 예산을 투입하고 열심히 일해도, 회원이 도움이 된다고 느끼지 못하게 되면 '협회가 하는 일이 뭐냐?'라는 불만과 비판이 불거지게 됩니다. 예산은 회원의 성장을 위한 정책에 우선 배정해야 합니다.

둘째, 예산이란 쓸 곳도 필요한 곳도 항상 넘쳐납니다. 예산이 아무리 넉넉해도 회원을 위한 사업에 우선하였는가? 협회 관리 예산에 우선하였는가? 살펴보면 알 수 있습니다.

셋째, 기준과 원칙이 없는 예산 편성과 관리는 회원의 불신과 비판을 초래하게 됩니다. 예를 들어, "왜 교육비를 징수해야 하는가?", "의무교육인 연수 교육에서 비용을 징수해야 하나?", "그렇다면 그렇게 징수한 돈은 어디로 흘러가고? 무엇을 위해서, 어떻게 사용되고 있나?", "회원을 위해 재투자는 하고 있나?" 이러한 질문 속에서 나타나는 의혹들이 회원의 불신을 쌓이게 만드는 원인이 되는 것입니다.

## 03) 예산의 효율성을 높일 방안은 무엇인가?

첫째, 회계의 문제입니다. 회계 과정이 투명하고 정확해야 합니다. 예산은 매년 일반 관리비와 사업비(부동산거래정보 사업, 공제 사업, 연구개발, 교육 사업, 홍보 사업)로 나누어 편성합니다. 그 예산이 제 용처에 정확히 투입하고 집행되었는지, 부족하거나 너무 많은 건 아닌지 등 세심히 살펴보며, 예산의 흐름까지 누구나 볼 수 있도록 관리해야 합니다.

지출 예산은 항목에 따라 집행 과정에서 예산 담당자와 예산(돈) 흐

협회경영 혁신전략

름까지 한눈에 파악할 수 있어야만 합니다.

둘째, 집행의 문제입니다. '왜 이 예산이 책정되었는가?'를 분명히 해야 합니다. 예산 편성 목적이 명확해야 긴급 상황이 나타나지 않는 한, 그 예산은 목적 사업에 투입할 수 있습니다. 물론 예산을 전용하거나 해지해야 할 경우도 나타날 수 있습니다. 예를 들어 회원의 비즈니스 영역이나 시장에 긴급한 과제 혹은 위기 사태의 발생으로, 긴급 자금이 필요할 땐, 불요불급 예산에서 우선 전용하여 사용하게 됩니다.

셋째, 방향성의 문제입니다. 예산의 실효성을 위해서 예산의 투입으로 얻는 결과에서 효과와 가치가 큰 사업에 우선 투입해야 합니다. 이때 기준은 '투자 가치나 성과의 크고 작음'보다는 "그 일이 회원에게 유익한 일인가?"라는 질문으로, 기준과 원칙을 세우고 반드시 지켜야 합니다. 즉, 예산의 목표는 회원에게 유익한 과제에 우선 투입하고 그 성과가 협회의 성장 에너지로 이어지게 하는 데 있겠습니다.

## 04) 적립 예산의 목적과 목표도 공표해야 하나?

"협회경영에 돈이 중요한가?"라는 질문에 많은 사람은 "그렇다."라고 답합니다. 그러나 "협회 돈이 누구를 위해서? 어디에, 어떻게 사용하고 있는지 아세요?"라고 물어보면 대부분 입을 꾹 다물게 됩니다. 모르고 있으니까요. 많은 회직자가 예산을 잘 모르거나 이해가 부족한 것이 현실입니다.

협회의 살림살이(경영) 성패는 바로 돈을 잘 사용하는 데 있고, 그건 예산 편성에서 시작됩니다. 예산 수립의 기준과 원칙을 명확히 세우는 것이 중요한 이유입니다. 그 기준과 원칙에 따라서 회원에게 부가가치가 높은 사업에 투입할 수도 있고, 엉뚱한 곳에 쏟아 버리는 낭비가 나타날 수 있습니다. 예산 편성과 관리가 회원의 삶과 비즈니스 환경에 어떤 영향을 미치고, 얼마나 중요한지? 예산 편성의 목표와 방향성은 무엇인지? 회원도 쉽게 이해하고 알 수 있어야겠습니다.

즉, "예산서에서 '회원의 복지 향상과 성장을 지원하기 위한 예산'은 얼마인가?"라는 이 질문이 가장 중요한 기준입니다. 또한, 저축하는 돈은 그 목적과 목표를 정하고 그 돈을 유용하거나 전용할 수 없도록 관리·감독에 철저해야 합니다. 장기 계획에 의해 비축한 예산은 회원과 협회의 미래를 준비하는 역사입니다. 흔들림 없이 진행되어야 합니다.

## 05) 예산 편성과 관리의 건전성 확립 방안은 무엇인가?

우리는 예산만 잘 편성하고 투입하기만 하면 협회가 성장하고 '회원 복지와 서비스'가 저절로 향상될 것이라는 환상으로부터, 이제는 벗어나야 합니다. 회원과 시장이 안고 있는 수많은 현안을 해결하고, 미래를 준비하기 위해선 지도자와 사무처가 허리끈을 졸라매고 절약해야 합니다.

부문별, 사업별 예산을 조사·분석하고, 불요불급 예산을 지양하고 당면 과제와 기간 사업에 우선해야겠습니다. 이 과정에서 회장이 스스로 판공비를 공개하는 솔선수범으로 투명하고 깨끗한 회계 관리를 조장하고, 독려해야 합니다. 그리고 절약한 예산은 회원의 발전을 위한 곳에 투입해야겠습니다.

## 06) 예산의 효율성과 투명성을 위한 방안은 무엇인가?

먼저 투명한 '예산관리시스템'을 구축해야겠습니다. 예산은 "회원과 시장의 성장을 위한 곳에 가장 먼저 배정한다."라는 기준과 원칙을 세우고 이를 강제할 수 있는「예산 관리 규정」을 제정하고 이를 불변의 원칙으로 정해야겠습니다.

특히, 회원의 삶과 비즈니스에 직결되는 사업에 우선 배정해야 합니다. 첫째, 시장 제도와 질서 확립을 위한 예산, 둘째, 프롭테크 시장에서 '한방'의 경쟁력을 갖추는 사업과 연구개발 사업 등 셋째, 이런 사업을 효율적으로 달성할 수 있는 경쟁력을 갖추기 위한 정책과 전략, 인재 육성 등으로 지원하며 투명하게 관리하도록 규율해야겠습니다.

## 07) 우리의 예산 편성과 관리의 수준을 평가한다면?

회원의 기대에 전혀 부응하지 못하고 있습니다. 회원 성장을 위한 회장의 이상과 열정도 찾아볼 수 없다는 것이, 회원의 평판입니다. 회장이 비전과 열정이 없어 예산 제도에 관한 개선 방안이나 목표도 없다는 평가는, 회원과 시장 발전을 위한 예산이 미미한 데서 나타났다고 봅니다. 예산 편성 지침서부터 부실(?)한 까닭입니다. 회원이 만든 예산은 '회원과 시장 발전'을 위해 사용하고, 성과로 부응해야겠습니다.

## 08) 협회경영과 예산에 비판과 논란이 무성한 원인은?

예산의 기본 방향과 전략의 부재에서 나타나는 현상이라고 지적할 수 있습니다. '회원과 시장 성장을 위한 실효성 예산'의 부족에서 비롯된 문제입니다. 이런 문제를 지적하면 "예산 총액에서 관리비와 회의비 편성하면 사업에 투입할 돈이 없다."라는 우직(?)한 답이 나옵니다.

이건, 예산 편성의 목표가 회원의 성장을 위한 것이 아니라, 협회의 유지 관리와 회의비가 우선한다는 이야기입니다. 유지·관리비와 과다한 회의비를 지출하는 못된 관행의 탓입니다. 이런 살림살이로 회원에게 희망을 줄 수 있을까요?

예산 편성의 실패는 협회경영의 실패는 물론, 지도자(회장)의 리더십 실패로 이어진 게 우리 협회의 역사입니다. 그 이유는 명료합니다. 회원을 위한 예산(돈)을 배정하고 추진하지 못하는 지도자의 무능이 고스란히 드러났기 때문입니다.

## 09) 예산(돈) 자원이 부족에서 나타나는 현상은 아닌가?

그건 전혀 아닙니다. 예산은 항상 부족할 수 있습니다. 그러나 문제는 가용 예산을 적재적소에 사용하지 못한 데 있습니다. 투입한 예산이 회원에게 성과를 보여 주지 못하였고, 회원을 위한 사업에 제대로 사용하지 않았기 때문이었습니다. 회원의 비즈니스를 위한 서비스나 시장 발전을 위한 정책과 제도 개선을 위한 예산에 무지해서 나타난 문제입니다.

예산을 기본 과제(회원과 시장의 문제)에 우선 편성하지 않고, 관리비와 회의비 등을 방만하게 편성하고, 기본 과제에는 편성할 돈이 없다는 주장을 누가 이해할 수 있을까요? 누구라도 설득할 수 없습니다. 원인은 낡은 관행의 폐해이자 지도자 자질에서 나타난 문제입니다. 기본

협회경영 혁신전략

과제를 우선 편성하도록 「예산 관리 규정」에서 원칙을 세우지 못하면 아무리 예산(돈)이 많아도 회원을 위한 예산은 기대할 수 없습니다.

### 10) 기본 과제에 예산을 우선 편성해도 문제가 없는가?

예산 편성에서 기본 과제에 충실하지 못하면 지도자의 리더십은 이미 실패한 겁니다. 사실, 회장이 회원의 복지와 성장에 우선 배정한다고 해도, 예산 편성에서 문제는 발생하지는 않습니다. 방만한 불요불급 예산만 제대로 삭감해도 상당 부분을 충당할 수 있기 때문입니다.

협회 재정이 부족하다 해도, 회장이 재정 운용에 어려움이 있더라도, 회원 복리 증진과 시장 발전을 위한 예산은 우선 배정해야 합니다. 회장에게 주어진 사명이자 책무입니다.

그러나, 어떻게 재원을 마련하고, 어디서 절약할 것인지? 기존 복지는 어떻게 유지할 것인지? 회장은 깊이 살펴서 효율적인 예산을 편성하고, 재정의 건전성은 지켜야 합니다.

### 11) 예산의 건전성과 효율성의 가치는?

예산의 효율성과 건전성이 높을수록 회원의 신뢰와 지지도가 올라가게 됩니다. 그리고 회장은 강력한 리더십으로 협회를 이끌 수 있는 우수한 에너지를 지원받을 수 있습니다.

그러나 재정 건전성을 이루기 위한 예산 수립과 관리에 관한 기준과 원칙이 없다(현재 우리 협회)면 이건 매우 심각한 문제입니다. 회장이 바뀔 때마다 예산의 기준과 원칙이 바뀔 수 있고, 장기 계획을 세워도 무용지물로 변할 것입니다.

회장이 바뀌어도 협회의 장단기 정책과 사업 목표가 차질 없이 진행되기 위해선, 예산 수립과 관리의 기준을 정한 「예산 관리 규정」에서 예산의 편성과 관리 과정에 도사리고 있는 부정부패의 근원을 차단할 족쇄도 기필코 마련해야 합니다. 이는 협회 전반에 만연한 부정부패 척결의 첩경이 분명합니다.

### 12) 예산 수립과 관리의 기준을 제도로 세우자는 건가?

그렇습니다! 우리 협회도 「예산 관리 규정」을 제정하고, 예산 수립과 집행 그리고 결산에 이르기까지 투명하고 효율적인 운용 원칙을 세워야 합니다. 특히 「예산 관리 규정」에 "회원의 성장을 위한 부문에 '예산의 10~20%를 우선 배정'하여야 한다."라고 정하고, 이를 지켜나가야 하겠습니다.

이건 회원을 위한 혁신이 분명합니다. 그러나 회장의 성공을 이끄는 강력한 에너지로 작동한다는 점도 이해하고 「예산 관리 규정」의 제정에 회장이 앞장설 때, 회장을 향한 회원의 신뢰와 지지도가 크게 상승하면서, 회원 공동체로 뭉치게 하는 강력한 시멘트 기능도 작동할 것입니다.

이렇게 회원 중심의 원칙을 세우고 추진하는 회장의 리더십이 '회장을 성공으로 이끄는 불변의 원칙'이라고 할 것입니다. 회원은 참여와 지지로 회장에게 호응해야겠습니다.

### 13) 재정 건전성과 미래를 이끌 체력은 되는가?

우리 재정은 위기입니다. 재정 안정성과 흐름도 알 수 없는 깊은 터널 속과 같습니다. 그러나 정작 재정보다도 더 다급한 문제는 회원의 신뢰와 지지 기반을 다져야 한다는 점입니다. 회원은 과감한 선택과 집중으로 혁신할 수 있는 지도자! 비전과 청사진을 제시하고 실현할 수 있는 강력한 지도자를 고대하고 있습니다.

자신의 비전과 소신을 청사진으로 제시하고 실현할 수 있는 사람, 경영에서 크고 작은 성공을 보여 주면서, '우리도 할 수 있다.'라는 자신감을 회원에게 심어 줄 수 있는 지도자, 그런 회장을 우리 회원은 기다리고 있는 것입니다.

특히 회원이 간절히 바라는 정책과 사업에 치밀한 준비로 도전하고 보란 듯이 이뤄내는 통쾌한 성공을 보여 줄 수 있는 회장을 기다리고 있습니다. 회원이 마음 놓고 믿고, 지지할 수 있는 리더십을 보여 주는 청렴한 회장이어야겠습니다.

차기 회장(2024년 12월 선출)은 이렇게 진취적이고 지혜로운 분이 선출돼야겠습니다. 우리 협회의 지속적 실패 원인은 바로 지도자의 두려움(무지 무능에서 나타남)에 있었고, 회장 스스로 망가지면서 회원의 삶과 성장의 기회까지 망가뜨렸습니다.

### 14) 회원을 위한 예산은 어디에 집중해야 하나?

회원의 비즈니스 경쟁력 향상과 시장의 거래 질서 확립 그리고 소비자 보호에 집중해야만 합니다.

첫째, 회원과 시장 발전을 위한 직·간접 활동에 돈(예산)을 써야 합니다. 시대와 환경 변화에 적응하기 위해선 회원의 전문성과 윤리의 제고로 이미지와 평판을 쇄신해야겠습니다.

둘째, 프롭테크 시장에서 일정 수준의 주도권을 행사할 수 있는 역량을 갖추고 활용할 수 있어야 합니다. 직접 프롭테크 시장을 주도하거나 실질적 영향력으로, 회원을 보호할 수 있는 영역과 영향력을 구축해야겠습니다.

셋째, 부동산 시장을 기획하고 선도할 수 있는 인재 육성에 집중해야겠습니다. 즉, 연구, 교육, 기술 등에 필요한 우수 인재의 육성과 관리에 필요한 예산을 배정해야겠습니다.

넷째, 고급 정보와 지식의 실시간 서비스로 회원의 비즈니스 현장 지원에 충실해야겠습니다. 즉, 비즈니스 실무 지식, 정보의 신속한 서비스로 회원의 신뢰와 지지 기반을 다지는 '서비스협회'로 쇄신을 이루고, 회원에게 더 나은 시장, 더 나은 서비스를 나날이 개척해 나가야겠습니다.

## 15) 예산 관리의 성패가 지도자의 성패로 이어지나?

그렇습니다. 지도자의 성패에 큰 영향을 미치고 있습니다. 예산 관리의 허술함에서 나타나는 비리나 낭비성 관행을 쇄신하고, 투명하게 관리해야 합니다. 회원이 '무엇을 위해 그 예산을 편성하는지', '그 성과는 무엇인지', '그게 옳은 것인지' 의문을 제기할 때 상세히 설명할 수 있어야 합니다. 특히, '회원이 무엇에 힘들어하고, 무엇을 바라고 있는가.'를 살펴서 사안의 경중과 완급에 따라 관리해야 합니다. 정책과 제도에서 나타나고 있는 회원의 고충을 해결하는 과제와 회원 성장을 지원하는 서비스 사업에 우선 배정해야 합니다. 특히, 예산의 관리와 집행 과정에서 깊숙이 잠복하고 있는 부정부패나 비리의 관행이 '회원을 위한 예산'을 확립하는 데 걸림돌로 나타나게 만들어선 절대로 안 됩니다.

# 09

## 혁신의 성패는 정관이 결정한다

# 부정부패 방관한 정관이 협회를 망쳤다

한국공인중개사협회 37년 역사에서 재선에 성공한 회상은 한 분도 없습니다. 그 원인이 어디에 있었을까요? 첫째는 지도자(회장)의 인품과 리더십의 문제라고 할 것입니다. 둘째는 부정부패가 반복돼도 이를 차단하거나 징계조차 할 수 없는 체제와 시스템에 있었습니다. 지난 20여 년간 부정부패가 이어졌습니다. 그 원인은 어디에 있었을까요?

첫째, 회장의 리더십입니다. 훌륭한 회장은 체제와 시스템에서 문제나 오류가 나타나면 즉시, 정관과 규정을 정비하고 재발을 방지합니다. 이게 혁신이고 회장의 사명입니다.

둘째, 부정부패를 방지하고, 투명한 윤리경영이 정착하도록 설계하지 못한 정관의 결함에 있었습니다. 특히, 부정부패 방지와 징계시스템이 없는 것이 결정적 패착이었습니다.

우리 정관은 창립 당시, 회원 관리와 행정 서비스 수준으로 설계한 '관리협회'의 체제와 시스템을 유지하고 있습니다. 현대는 서비스 경영 시대입니다. 회원의 복리와 성장을 이루자는 이상과 목표로 설계한 '서비스협회'로 바꿔야겠습니다.

회원이 바라는 것은 '더 나은 비즈니스 환경과 건전한 시장질서'의 확립에 있습니다. 그러한 회원의 욕구와 희망 그리고 시대 환경을 담아서 준비한 것이 '서비스협회'입니다.

'서비스협회'가 추구하는 특성으로 첫째, 지도자(회장, 회직자)의 헌신과 청렴의 리더십을 지향합니다. 둘째, 협회에 만연한 부정부패를 방지하고 처벌할 수 있는 강력한 감시·감독 시스템을 갖추고 있습니다. 셋째, 회원 성장을 위해 비즈니스를 지원하는 교육, '한방'의 일류 브랜드로 성장 등 다양한 회원 서비스와 '지부 자치'가 있습니다. 이런 혁명적 변화는 정관으로부터 시작됩니다.

회장은 정관개정의 역사(役事)에서, 협회의 비전을 청사진으로 담아내야 합니다. 목적과 비전을 이루기 위해서 '어떤 체제와 시스템으로, 회원과 협회의 경쟁력을 확장해 나갈 것인지' 체계적인 목표와 방향을 분명히 제시하고 추진해야 합니다.

정관은 조직의 헌법이자 나침반입니다. 정관의 정비는 협회와 회원의 현재와 미래를 결정하는 중대한 역사(役事)입니다. 내부에 찬반과 치열한 비판과 논쟁이 따르게 됩니다.

회장은 소통으로 회원의 마음을 얻고, 지지 기반을 다지면서, 생각이 다른 사람도 적극적으로 이해시키고 설득하여, 함께하도록 포용하는 리더십을 발휘할 수 있을 때, 정관개정을 성공으로 이끌 수 있겠습니다. 여기서는 정관개정의 핵심 과제와 개정 방안 그리고 지도자의 역할을 살펴보겠습니다.

## 01) 정관개정의 핵심은 무엇인가?

먼저, 협회 정체성을 확립하는 것이 가장 중요합니다. 협회의 목적(소비자 보호와 세상에 기여, 회원과 시장의 발전)을 정하고 이를 달성하기에 적합한 체제와 시스템으로 설계해야 합니다. 특히, 협회가 윤리경영으로 건강하게 성장할 수 있도록 부정부패 방지 시스템은 꼭 구축해야겠습니다.

지도자의 권력으로부터 불거지고 있는 부정부패와 권력의 오·남용을 방지할 수 있는 감시·감독 기능을 확립하고, 협회의 목적을 충실히 수행할 수 있도록 철저하게 정비해야 합니다. 회원의 비즈니스 환경과 제도 개선 등으로 선진 시장을 이루고, 세상에 이바지하는 '서비스협회'의 육성에 있습니다.

## 02) 정관개정의 목표와 방향은?

회원의 복지와 기본권이 강화될수록 회원의 신뢰와 지지도가 상승하고, 회장 리더십에 권위와 추진력을 지원하는 강력한 에너지로 작용하게 됩니다. 따라서 지도자는 회원 복지와 기본권 향상이란 기본 과제에 충실하도록 설계해야겠습니다.

첫째, 협회의 목적(회원의 성장과 시장 발전 등)을 달성하기에 적합하고 효율적으로 설계해야 합니다.

둘째, 경영의 건전성과 투명성을 지키기 위해서, 부정부패 방지와 윤리경영 기반을 다지도록 설계해야 합니다.

셋째, 지식, 정보와 기술의 진화 등 급격한 시대와 환경 변화에 적응할 수 있는 유연성과 탄력성을 갖추도록 설계해야 합니다.

넷째, 선거(회장 등) 제도, 감시·감독 시스템, 회직자 책무, 회원 서비스, 참정권, 조직(이사회, 대의원총회, 사무처, 지부 지회 등)의 권한과 책무에 균형을 이루도록 설계해야 합니다.

다섯째, '정관'은 넓은 의미에서 협회를 규율하는 모든 시스템이라고 할 수 있습니다. 따라서 정관의 개정은 모든 규정과 지침도 정관의 목적과 방향에 따라 정비해야 합니다.

우리는 그동안 정관개정에 실패한 원인을 깊이 성찰하고, 당면 현안과 시스템을 통찰하고, 더 나은 회원의 시대를 준비하고 도전하는 '서비스협회'로 미래를 개척해야겠습니다.

## 03) 정관개정에서 추구할 가치는 무엇인가?

협회가 추구할 불변의 가치로 '소비자가 보호되는 선진 시장으로 이끌어 회원이 성장하고 세상에 이바지하는 데 있다.'라고 정의할 수 있겠습니다. 여기서 우리는 '소비자 보호'를 위한 제도나 거래 질서 확립으로 선진 시장으로 만드는 활동들이, 궁극적으로 회원의 권익과 사회적 입지향상 그리고 비즈니스 영역과 환경까지 확장할 기회이자 지렛대로 작동하고 있다는 점을 우리는 깊이 이해할 수 있어야 합니다.

따라서, 선진 시장으로 발전과 세상에 이바지하는 활동에서 부수적으로 나타날 수 있는 뜻밖의 기능에서 우리는 더 좋은 비즈니스 환경을 모색할 수 있을 것입니다.

'좋은 비즈니스 환경'을 바라고 있는 회원의 욕구를 채워 주지는 못하면서 '개혁을 이루고, 협회를 성장시키겠다.'라는 엉터리 약속들이 가당키나 합니까? 가장 기본적인 비즈니스 서비스도 지원하지 못하면서, 참여와 헌신만 요구하는 무지한 리더십이 회원과 협회를 망가뜨린 것은 아닐까요?

세상 이치도, 인심도 마찬가집니다. 소비자와 세상에 공헌하는 활동은 외면하고 회원의 이익만 옹호하고 나선다면 국가·사회의 저항에 부닥쳐 스스로 망가지기가 십상입니다.

### 04) 정관개정의 핵심 과제는 무엇인가?

첫째, 회원의 복지와 권익 향상을 중심으로 설계해야 합니다. 둘째, 부정부패와 비리 방지를 위한 감시·감독 기능이 명쾌해야 합니다. 셋째, 예산 관리 시스템과 선거 관리 시스템에 공정성과 투명성을 갖춰야 합니다. 넷째, 감사와 윤리위원회의 독립성과 책무가 명쾌해야겠습니다.

부정부패 방지를 위해 회장의 발목에 족쇄를 채우는 것은 쥐가 '고양이 목에 방울 다는 것'보다도 어려운 과제입니다. 건강한 협회로 혁신

협회경영 혁신전략

을 위해서 회장이 스스로 목에 방울을 달고 나설 수 있을 때, 회장의 리더십에 강력한 신뢰와 지지 기반이 다져질 것입니다.

지혜로운 회장이라면 즉시 앞장서서 추진할 것입니다. 역대 회장들의 실패 원인은 '지도자의 사욕과 무능보다는 부정부패에 관대한 정관이 진짜 문제였다.'라고 저는 진단하고 있습니다.

앞에서 다룬 네 가지 과제를 이뤄내지 못한다면 정관을 개정한 것이 아닙니다. 현행 정관은 회원과 시장의 성장을 위한 목적으로 설계한 것이 아닙니다. 회장에게 막강한 권한만 주고, 부정부패를 저질러도 그 책임조차 물을 수 없게 만들었습니다. 이렇게 허술한 정관이 회원과 협회를 망가뜨리는 부정부패와 비리가 기승을 떨치게 만들었습니다. 부정부패 방지 시스템이 정관개정의 핵심이자 혁신의 꽃입니다.

## 05) 정관개정의 핵심 과제로 '회원 성장'을 꼽은 이유는?

정관은 '회원 복지와 권익 향상'을 기조로 설계해야 합니다. 부동산 정책과 제도 개선으로 거래 질서를 확립하고, 회원의 경쟁력 제고를 위한 교육과 윤리, 거래정보망 사업, 지식·정보 등에 체계적인 서비스가 요구되고 있습니다.

회원의 성장과 더 나은 삶을 위한 서비스는 정관에서 설계하고 규정해야겠습니다. '회원의 성장과 복지'라는 불변의 목표를 정관에서 정하고, 엄중히 규율하면, 회장이 바뀌거나 어떤 위기가 다가와도, 그 정책과 회원 서비스 활동은 이어질 것입니다.

정관에서 정한 공정하고 투명한 체제와 시스템은 설사 나쁜 마음을 지닌 사람이 회장으로 선출돼도, 이를 거부하거나 수정하기가 매우 어렵습니다. 지도자가 '무엇을 하고 있는지' 회원과 회직자가 실시간으로 감시하고 있기 때문입니다. 협회의 정책과 목표는 항상 '회원 성장과 복지'를 지향(指向)해야 합니다.

## 06) 정관개정의 우선 과제로 부정부패를 꼽은 이유는?

첫째, 국가나 기업이 망한 원인에는 항상 부정부패가 만연했습니다. 모든 단체나 조직에 가장 무섭고 두려운 역병입니다. 부정부패에 무심한 국가나 기업은 반드시 망했습니다. 부정부패와 비리를 실시간으로 감시할 수 있는 감시·감독권을 이사회와 대의원총회에 주고, 감사에겐 감사 권한과 책무의 강화로, 부정부패 방지에 철저해야겠습니다.

둘째, 예산 편성과 관리가 투명해야 합니다. "협회 돈은 보는 사람이 임자다."라는 수치스런 말들이 또다시 회직자 사회에 회자 돼선 안 됩니다. 「예산 관리 규정」 제정으로 투명성을 확립해야겠습니다.

셋째, 선거 제도와 윤리규정에 공정성과 신뢰성을 갖춰야 합니다. '선거관리위원회'와 '윤리위원회'가 공명정대함으로 회원의 신뢰와 존중을 받아야 합니다. 많은 협회 단체가 두 기구의 시스템과 운영부실로, 내부 분쟁을 일으키는 것은 물론, 사회적 문제로 야기되어 세상이 시끄럽기도 합니다. 매우 중요한 두 기구의 위원회 구성과 운영에서 공정성, 독립성을 확립하여, 그 누구도 흔들 수 없도록 철저히 정비해야 합니다.

협회경영 혁신전략

## 07) 지난 30년 동안 정관개정에 실패했다. 원인은 무엇인가?

정관개정은 회원 복지와 비즈니스 향상을 이루기에 효율적인 구조와 시스템을 구현하는 데 있다고 할 수 있습니다. 협회가 보유한 자원과 모든 기능과 역량은 회원의 성장과 복지 향상을 위해서 효율적으로 사용할 수 있도록 정비하는 데 있습니다.

그러나 정관개정의 역사에서 '회원 복지와 비즈니스 향상'을 핵심 의제로 다룬 적이 단 한 번도 없었다는 사실은 비극입니다. 회원 복지와 성장이란 협회의 본질은 살피지도 못하고, 회직자의 자리 늘리기나 선거 방법 등 이해관계가 민감한 부분만 다루다가 끝나버리길 반복했습니다.

그 실패 원인은 회장이 '정관개정위원회'에 명확한 목표와 방향을 제시하지 않고서, 무작정 출범시킨 데 있었습니다. 선주가 선장에게 목적지도 목표도 알려 주지 않고, 무작정 바다로 내보낸 것과 똑같습니다. 목적지도 목표도 없는 배가 어디로 갈수 있을까요? 결국, 무작정 떠난 항구로 다시 돌아와야 했습니다.

정관개정에서 소신과 청사진을 가진 지도자는 '정관개정위원회'를 출범시킬 때, '정관개정(안)'을 제시하고 시작합니다. 먼저, '이사회'에 '정관개정(안)'을 상정하고 초안을 심의·조정합니다. 즉, 초안을 내놓고 절차에 따라 진행하는 것이 정도(正道)입니다. 우리 협회가 실패를 반복한 원인은 회원에게 과시나 하자고, 무작정 '정관개정위원회'를 구성하여 출범시키고, 회장 자신은 쏙 빠졌습니다. 정관개정에 관한 철학도, 의지도, 역량도 없었던 지도자 리더십의 문제였습니다.

## 08) '정관개정위원회'가 실패한 원인은 무엇인가?

회장의 경영철학과 리더십 수준에서 나타났던 문제라고 봅니다. 정관의 본질과 과제도 모르는 사람들을 모아 놓고 갑론을박(甲論乙駁)이나 하다가 끝나도록 한 것은 전적으로 회장에게 책임이 있었습니다. 역대 '정관개정위원회'에서 정관의 목적과 실현 방안을 제시하지 못한 건, 지도자 리더십이 심각한 위기에 빠진 데 있었습니다.

회원을 위해서 '어떠한 체제와 시스템을 갖춰야 좋을 것인가?', '부정부패와 비리는 어떻게 차단할 것인가?', '공정한 선거와 감사 제도 확립 방안은 무엇인가?', '회원 권익은 어떻게 신장할 것인가?' 등 협회의 본질적 문제에 관한 심층 자료를 놓고 치열한 논쟁으로 해법을 찾은 사례가 단 한 번도 없었습니다. 무지·무능한 리더십의 비극입니다.

따라서 '정관개정위원회'가 실패한 원인은 '정관개정(안)'도 준비하지 않고, 어느 날 갑자기 회장이 측근 몇 사람들(전문성 부재)로 '정관개정위원회'를 출범시키고 방임한 데 있었습니다. 회장은 '당신들이 알아서 하세요.'라고 던져주고 두려움에 참여하지도 못했습니다. 이건 돈과 시간만의 낭비가 아니었습니다. 회원과 협회에 찾아온 '혁신의 기회'까지 날려 보낸 지도자의 무지·무능의 극치였습니다.


## 09) 회장(협회)이 '정관개정(안)'을 내놓고 시작해야 한다는 주장이다. 그 이유는 무엇인가?

'정관개정(안)'은 집을 지을 때 청사진과 그 설계도에 비유할 수 있습니다. 집을 지을 사람은 청사진과 설계도를 내놓고 기술자(위원회)에게 "우리가 이런 집을 지을 겁니다. 세밀히 살펴보시고 문제점이나 개선점은 찾아서 바로 잡아 주시고, 더 좋은 기술이나 방법이 있으면 제시해 주시고, 언제까지 집을 지어 주십시오."라고 설명하고 시작해야 자신이 원하는 좋은 집(정관)을 지을 수가 있습니다.

우리 협회가 정관개정에 실패한 원인은 바로 여기에 있었습니다. 정관을 개정하겠다는 회장이 자신의 소신(경영철학)을 담은 청사진도 비전도 내놓지 못했습니다.

정관개정위원회에 "당신들이 알아서 정관을 개정해 주세요!"라고 주문했고, 지원하거나 조언할 사람도 없었습니다. 설계도(정관개정안)가 없으면, 기술자(위원)들은 자기의 이상과 기술, 자기가 원하는 디자인과 구조를 제시하고, 내 주장만 내세우는 난장판이 되기가 십상입니다.

이들이 집 같은 집은 지을 수 없게 만든 건 바로 회장의 책임입니다. 무능한 회장이 훌륭한 정관개정위원들을 난장판의 오합지졸로 만들어 버린 것입니다. 기술자(정관개정위원)들은 양옥집은커녕 판잣집조차 시도하지 못하고, 허망하게 떠나야만 했습니다. 이런 상황의 반복이 바로 정관개정위원회의 서글픈 역사였습니다.

## 10) 그렇다면 정관개정에 성공할 방안은 무엇인가?

우선, 회장(협회)이 정관개정(안)을 내놓고 시작해야 합니다. 예를 들어 우리가 하와이를 간다고 목적지를 정하고, 그곳에 도달하는 데 가장 적합한 배(협회)를 설계하는 것과 같습니다. 정관에서 회원의 삶과 시장 발전을 지원할 수 있는 체제와 시스템을 꼼꼼히 점검하며 다듬어야 합니다.

또한, 긴 항해에서 나타날 수 있는 변화(정책, 제도 등)나 위기에 대처할 수 있는 유연성 그리고 시장을 침탈하는 세력이 나타났을 땐 거침없는 공격으로 물리칠 수 있는 무기(대외 활동 역량과 경쟁력 등)도 충실히 준비해야 합니다. 이러한 정관개정(안)을 '정관개정위원회'에 제시하고, 이를 기조로 수정, 보완해 나갈 때 목적을 이룰 수 있습니다.

다만, 부정부패와 비리를 차단하는 족쇄(감시, 감독 기능)를 회장의 발 몫에 채우는 일은, 회장이 반대하면 그 장벽을 넘기가 너무 어렵습니다. 그래서 회장 스스로 족쇄를 차겠다고 나서는 지혜로운 지도자(회장)가 요구되고 있습니다. 회장에게 부정부패를 방지할 청렴의 족쇄를 체우는 것이, 협회의 부정부패를 차단할 유일한 방안입니다.

### 11) 부정부패에 어떤 규제가 필요한가?

회장이 부정부패에 연루되거나 상식을 벗어난 비리가 지속적, 반족적으로 나타나는 원인은 어디에 있었을까요? 어떻게 해야 이걸 차단할 수 있을까요? 그 해법은 이미 나와 있습니다.

감시·감독 기능과 감사 제도, 윤리위원회가 엄격히 작동하면, 회장은 정관과 규정에 반하거나 원칙과 상식을 벗어날 수가 없습니다. 감시 권한을 이사회와 대의원총회에 부여하고 그 의무와 책임을 부여하는 것이 첫 번째 과제입니다.

다음으로 윤리위원의 구성과 그 운영에서 독립성과 자율성을 확립할 수 있는 시스템을 갖추는 것이 두 번째 과제입니다. 그리고 감사의 권한과 공정성 확립 방안으로 감사의 권한을 확대하고 책무를 강제하는 것이 세 번째 과제입니다. 감사의 감사 활동과 태도가 부실하거나 직무수행을 해태 할 때는 더욱 엄중한 책임과 벌칙으로 규율해야 합니다.

이렇게 촘촘한 감시 기능과 윤리위원회의 독립성, 감사의 권한 확장과 엄격한 책무를 규정한 시스템에서는 회장과 임직원을 비롯한 조직 구성원은 모두 다 부정부패에 연루되는 것, 그 자체를 두려워서 금기로 삼고, 정관과 원칙에 충실한 활동으로 건강한 조직 문화가 자연스럽게 이뤄지게 될 것입니다.

## 12) 정관개정의 절차는 잘 지켜지고 있는가?

정관개정의 원론적인 절차를 살펴봅시다. 회장은 비전과 신념을 담은 '정관개정 방향과 목표'를 작성해 기획팀에 제시하고 '정관개정(안)'을 작성하도록 지시합니다. 이때 회장은 기획팀과 깊은 소통으로 교감해야 합니다. 기획팀은 회장의 '개정 방향과 목표'를 토대로 '정관개정(초안)'을 작성하고 수정과 보완을 거쳐 보고하고, 회장이 승인하면 '정관개정(안) 초안'이 이때 완성되는 것입니다.

이를 '이사회회의'에 상정하고 의결하면 협회의 '정관개정(안)'으로 확정됩니다. 회장은 확정된 '정관개정(안)'을 대의원총회에 의결을 구합니다. 이때 대의원총회는 기획분과위원회와 유관 분과위원회에서 '정관개정(안)'을 심의, 조정한 후, 수정 동의안을 상정할 수도 있습니다.

대의원총회에서 '정관개정(안)'을 가결해 주는 순간 '정관개정(안)'은

'정관'으로 자리 잡고, 협회의 운영 전반을 규율하게 됩니다. 이상은 정관개정의 일반적 상식적 절차입니다.

### 13) 정관개정이 회원의 이상과 희망을 채워 줄 수 있나?

현행 '관리협회'로는 아무것도 이룰 수 없다는 사실을 회원과 회직자 모두가 다 알고 있습니다. 내부에서는 부정부패와 비리가 역병처럼 창궐한다고 회자되고 있고, 지도자는 경영 목표와 방향조차 상실하고 있습니다. 회원 관리와 통제, 행정 서비스나 하는 관리협회의 한계입니다.

그러나 회원이 바라는 것과 희망은 전혀 다릅니다. 자신의 비즈니스와 삶에 도움이 되는 서비스를 받는 것은, 당연한 권리라고 알고 있습니다. 시장 제도와 거래 질서를 바로잡고, 프롭테크(부동산거래정보망) 시장을 선도하며, 실시간으로 지식·정보 서비스를 제공하는 등 비즈니스 현장에서 활용할 수 있는 서비스를 받아야 한다는 겁니다.

또한, 협회의 부정부패를 척결할 수 있는 '부패 방지 시스템'을 구축하고 투명하고 정직한 윤리경영을 지도자에게 요구하고 있습니다. 따라서 정관개정은 회원의 더 나은 삶과 비즈니스 지원을 목표로 기획한 '서비스협회'로 설계하고, 청렴한 지도자가 윤리경영을 추진하고 정착시켜 낼 수 있을 때 회원의 이상도 채워 나갈 수 있을 겁니다.

### 14) 정관개정에 가장 좋은 시기는 언제인가?

정관개정에 가장 좋은 시기는, 회장이 취임하고 3개월 이내(신임 회장 리더십의 황금기)입니다. 그리고 늦어도 취임 후 6개월 이내에 도전할 때 성공의 확률이 높아집니다.

신임 회장이 혁신을 주도할 수 있는 회원의 신뢰와 성원의 에너지가 가장 강력히 지원되는 시기입니다. 회원의 기대심리가 강력히 지원하기 때문입니다. 그러나, 회원이 동의하고 공감할 수 있는 청사진과 구체적인 방향과 목표를 제시하지 못하면 회원의 지지나 성원을 얻을 수가 없다는 점도, 깊이 명심해야 합니다.

회원의 지지와 신뢰로 생성된 에너지가 회장의 정관개정 활동에 강력한 지원군으로 작동하는 황금의 시기입니다.

### 15) 정관개정의 품질과 수준은 지도자가 결정하나?

그렇다고 솔직히 인정해야 합니다! 정관개정을 주도하는 회장의 경영철학이 크게 영향을 미치는 건 확실한 사실이기 때문입니다. 회장의 소신과 인품이 매우 중요한 이유입니다.

예를 들어, 아무리 성능이 좋은 컴퓨터의 주인이 한글 프로그램과 게임이나 사용하고 있다면 바로 거기까지가 그 주인의 한계성입니다. 그러나 한글 프로그램과 게임뿐만 아니라, 엑셀과 A1 프로그램까지 활용할 수 있는 안목과 실력을 지닌 사람이라면 컴퓨터의 모든 성능을 활용할 수 있겠지요? 즉, 좋은 체제와 시스템을 갖추기 위한 정관개정 활동에서도 비전과 경륜 그리고 훌륭한 식견을 지닌 회장이 주도할 수 있을 때, 더욱더 효율적인 정관으로 정비할 수 있습니다.

회장의 소신과 가치관에 따라서 전혀 다르거나 매우 큰 차이가 나타날 수도 있습니다. 따라서 회장의 소신, 가치관 그리고 식견은 매우 중요한 요소입니다. 그러므로 우리는 회장 선거에서 후보자 인품과 역량을 정확히 파악하고 검증하면서 빠짐없이 투표장에 나가야겠습니다.

### 16) 부정부패는 끊임없이 반복됐고 회장의 권위는 추락했다. 그 원인은 어디에 있나?

회장의 리더십 한계성과 정관의 결함이 만나서 함께 만든 합작품입니다. 또한, 협회경영의 정책을 의결하고, 감시 감독해야 할 감사, 이사회, 대의원총회, 윤리위원회가 모두 제 몫을 제대로 하지 못한 지도력과 시스템의 결함에 있었다고 할 수 있습니다.

첫째, 감사가 감사실시를 하기 위해선 회장의 승인이 있어야만 감사를 할 수 있다면, 감사는 허수아비에 불과할 것입니다. 우리 협회의 감사 제도가 바로 그렇습니다. 이걸 꼭 바꿔야 합니다.

둘째, 이사회와 대의원총회에 협회를 감시할 수 있는 권한을 부여하지 못한 것이, 가장 큰 원인의 하나가 분명합니다. 이사회와 대의원총회에 감시 권한과 책무도 정해야 합니다.

셋째, '윤리위원회'의 윤리위원 구성 권한과 윤리위원회의 소집권도 회장의 손안에 있습니다. 이것도 큰 문제입니다.

이렇게 방만한 체제와 시스템으로 인해서, 부정부패와 지도자의 권한 오남용을 감시도, 견제도 할 수도 없는 치외법권적 권한을 부여한 것이, 부정부패를 창궐할 수 있게 만든 것입니다.

그런데도 30년이 지나도록 고치자고 나선 회장도 회직자도 없었습니다. 과다한 권력을 감시하고 견제하지 못하면 정의와 원칙은 사라지

협회경영 혁신전략

고 회원의 삶은 피폐해질 수밖에 없습니다.

## 17) 윤리위원회의 공정성 확립 방안은 무엇인가?

우리 협회의 윤리위원회는 회장의 눈치를 보는 수준을 넘어섰고, 회장의 권력을 지켜주는 친위대로 전락해 있습니다. 윤리위원회의 인적 구성과 의안 상정 등 실질적 운영 권한은 회장에게 있습니다. 윤리위원회가 존중받고, 권위를 지키기 위해선, 윤리위원회의 인적 구성과 운영 규정의 강력한 공정성과 독립성을 정관에서 규정해야 합니다.

윤리위원회가 존중받기 위해선 부정부패에 연루된 사람은 설사, 회장이라 해도, 자동적으로 윤리위원회에 넘길 수 있는 엄중한 규정과 시스템을 갖추고 이를 지킬 수 있을 때, 법과 원칙이 지켜지고 공정과 정의를 수호할 수 있습니다.

## 18) 윤리위원회의 깊은 불신을 해결할 방안은 무엇인가?

윤리위원회는 원칙과 상식을 지켜주는 매우 중요한 기능을 수행합니다. 정관과 윤리를 수호하며, 협회의 정의를 수호합니다. 윤리위원회의 운영과 결과는 공정해야 합니다. 따라서 회장이라 해도 부당한 영향력을 행사할 수 없는 장치를 마련해서 운영할 때, 조직 구성원의 부정부패에 관한 인식과 태도에 큰 변화를 가져올 것입니다. 모든 회직자와 직원이 법과 원칙에 따라 직무를 수행하는 조직 문화가 자연히 이루어지게 될 것입니다.

특히, 회장이라도 정관과 규정을 위반했을 때는, 윤리위원회에 자동으로 회부 될 수 있는 시스템을 구축해야겠습니다. 이렇게 단호한 원칙이 지켜질 수 있을 때, 윤리위원회의 권위를 확립하고, 윤리위원은 회원의 존경을 받을 것입니다. 이는 협회경영 전반에 청렴과 윤리경영의 기반을 다지고, 부정부패까지 차단하는 효과를 이룰 것입니다.

### 19) 윤리위원회의 쇄신 방안은 무엇인가?

우선, 윤리위원회 규정을 정비해야 합니다. 공정한 심의 의결을 할 수 있는 인적 구성을 갖추는 것이 중요합니다.

첫째, 윤리위원회의 위원장은 협회 고문변호사로 정해야 합니다. 둘째, 윤리위원 과반수를 외부 인사(변호사, 교수, 공무원 등)로 구성해야 합니다. 외부 전문인을 위촉하는 것은, 윤리위원회의 심의·의결 과정과 결과에 공정성과 객관성까지 갖추자는 목표가 있습니다. 윤리위원회 위상은 원칙과 상식이란 기준을 채워 줄 수 있을 때 세워집니다.

### 20) 부정부패의 본질과 그 해법을 정리하자면?

부정부패는 협회 고유의 기능과 효율성을 망치며 협회의 존립까지 위협하는 고질병입니다. 이를 극복하고 방지하기 위해서 섬세한 감시 기능과 윤리경영 시스템을 확립해야 합니다. 이러한 기능과 시스템이 조직 구성원들에게 경종을 울리고, 원칙과 윤리에 따라서 자유롭게 일할 수 있어야겠습니다.

따라서, 정관의 개정으로 혁신을 주도하는 것은 협회의 지속 가능한 발전을 위한 필수 조건입니다. 부정부패를 척결하는 경영 혁신을 이뤄

협회경영 혁신전략

내야 합니다. 정관개정은 회원의 신뢰를 넘어서, 사회적 신뢰와 위상까지 새롭게 정립할 수 있습니다.

# 10

## 회장 선거는 혁신의 기회다

# 회장 선거가 회원의 삶을 결정한다

회원의 직접선거로 회장을 선출한 지 14년이 넘었습니다. 비전과 소신을 담은 공약과 실천 시나리오까지 준비한 후보자를 우리는 회장으로 선출하지는 못했습니다.

후보자의 자질과 공약과 검증할 수 있는 심층 토론이나 질의응답 기회도 없었습니다. 회장의 지속적 실패와 무능함에 분노하기 전에 회원과 선구자(회직자, 밴드 등 회원 단체의 리더)의 지혜와 성찰이 요구되고 있습니다.

성공한 회장을 선출하고, 더 나은 삶에 이루자면 회원인 우리가 먼저 변해야 합니다. 지연과 인맥, 그리고 특히 금품과 자리를 주는 악마의 유혹으로부터 자유로워야 합니다. 소소한 인연과 금품이나 자리에 끌려서 엉뚱한 선택을 하는 것은 '더 나은 비즈니스 환경에서 더 좋은 삶'을 개척할 기회를 우리가 스스로 내팽개치는 것입니다.

이건 우리의 삶과 미래까지 우리 스스로 포기하는 것입니다. 언제까지 우리는 실패만 해야 할까요? 우리가 스스로 엉뚱한 선택을 반복하면서 어떻게 우리를 위해서 헌신할 수 있는 지도자를 만날 수가 있겠습니까? 누구를 위한 선택입니까?

회장 공약은 임기 중 실천할 핵심 정책입니다. 협회의 발전을 이끄는 에너지로 작동할 수 있어야 합니다. 우린 후보자가 어떤 비전과 소신으로 공약을 준비했는지 살펴봐야 합니다. 짧은 시간에 회원과 시장의 발전을 위한 비전과 공약을 준비하는 것은 사실 매우 어려운 과제입니다. 그러다 보니 역대 회장 후보의 공약을 카피한 듯한 고만고만한 공약들이 20여 년간 반복되고 있습니다. 너무나도 부끄러운 현상입니다. 자신의 비전과 철학을 담은 열정으로 리더십을 준비하고 나선 후보자가 없었다는 이야기로 귀착됩니다.

협회 단체의 고질병 중 으뜸의 하나가 회장 선거라고 꼽을 수 있을 겁니다. 부정 선거 특히, 금품 선거는 협회와 회원의 삶까지 망가뜨립니다. 회원에게 헌신하겠다고 나선 사람이 과도한 금품으로 표를 모으는 것은, 취임 후 온갖 수단으로 선거 비용으로 지출한 것보다 더 큰돈을 챙길 수 있다는 '깊은 속셈이 있구나!'하고 우린 추정할 수 있습니다.

회장 임기 3년은 협회를 혁신하기엔 짧은 기간이지만, 망가뜨리기엔 차고 넘치는 세월입니다. 회장의 실패 사례는 우리 협회 역사에 넘쳐나고 있습니다. 회장이 나갈 때와 물러설 때조차 모르고, 기회와 위기조차 감지하지 못했고, 위기를 알아채고도 속수무책으로 당하는 회장의 무지·무능한 리더십은 회원을 더욱더 깊은 절망 속으로 빠트렸습니다.

회원과 시장에 위기나 기회가 보여도 이를 감지하고 대처하거나 활용할 수 없는 회장은 회원에게만 불행한 일이 아닙니다. 시장과 소비자 그리고 국가·사회에도 매우 불행한 일입니다.

### 01) 회장 선거에서 혁명을 강조했다. 그 이유는 무엇인가?

이제까지 실패만 반복한 낡은 판(관리협회)을 버리고, 새로운 판(서비스협회)으로 새 역사를 창출할 회장을 선출해야 합니다. 새 지도자는 소비자와 회원 권익이 보호되는 선진 시장으로 이끌 '서비스협회'의 건설이라는 혁명적 과제를 부여받고 있습니다.

회원은 윤리와 지식의 함양, 서비스 역량 향상으로 소비자의 사랑을 받는 시장으로 선도할 수 있는 환경을 조성할 수 있는 체제와 시스템을 갖추고, 더 좋은 비즈니스 환경으로 미래를 창출할 비전과 경륜의 회장을 고대하고 있기 때문입니다.

### 02) 선거 공약(公約)은 모두 공약(空約)이라 주장했는데?

후보자는 자신의 비전과 소신을 참모들과 공유하고 논의해서 공약을 만듭니다. 그러나 회장의 비전과 소신으로 임기 중에 실현해야 할 자신의 공약이 '회원과 시장에 도움이 되는가?', '내가 실천할 실력은 있나?', '회원의 지지받을 수 있나?'라는 질문으로 고민한 흔적은 찾아볼 수 없었습니다.

회원의 표를 얻기 위한 수단으로서 공약(쏘約)은 회장으로 취임하자마자 포기하거나 내버렸습니다. 공약(公約)의 실천을 강제할 수 있는 방안을 모색해봐야 하겠습니다.

### 03) 선거 공약을 실천한 회장이 드물다. 원인은 무엇인가?

회장이 자신의 소신과 의지로 준비하지 못한 공약은, 사무처의 반대나 논리에 눌려서 시도조차 하지 못했습니다. 역대 회장이 실패한 원인이 바로 여기에 있었습니다. 회장이 경영 전반에 대한 이해와 지식이 부족해 스스로 판단하고 결정할 수 있는 소신의 리더십을 발휘하지 못한 점을 꼽아 볼 수 있습니다.

그와 반대의 경우, 자신의 비전과 아이디어로 청사진과 시나리오까지 준비한 회장은 자신의 공약을 거침없이 추진할 수 있습니다. 실사구시(實事求是)의 전략을 담은 공약에, 누가 나서서 논박도 못 합니다. 이런 회장은 취임 후 1년이 되면 공약을 대부분 이행했거나 마무리하는 과정을 확인할 수 있을 것입니다. 이렇게 눈으로 볼 수 있는 혁신은 회원의 신뢰와 지지를 다지고, 회장 리더십에 에너지를 더해 줍니다.

### 04) 공약 이행에 필요한 예산과 재정 방안은 논하는가?

회장 선거 공약으로 예산과 재정에 관한 이슈를 제기한 후보가 아직은 없었습니다. 경영 혁신과 공약에 필요한 재정이 조달돼야 합니다. 공약을 이행하는 데 필요한 재원을 조달할 방안이 없다는 것은, 공약을 실천하지 않겠다는 것과 같습니다. 오직 표를 얻기 위한 수단으로 회원을 기만한 것입니다.

혁신을 주도할 수 있는 에너지는 사실 회장의 공약에서 제시하는 정책과 전략에서 나옵니다. 공약은 내부 혁신과 성장판에 변화를 이끌어 회원에게 희망을 심어주어야 합니다.

## 05) 연임에 성공한 회장이 없는 원인은 어디에 있었나?

창립 이래 40여 년 동안 연임에 성공한 회장은 한 분도 없었습니다. 그 원인은 회장의 미숙한 리더십과 협회의 부실한 체제와 시스템에서 나타났다고 진단할 수 있습니다.

첫째, 부정부패나 비리로 지탄받아야만 했던 자질과 인품 그리고 무능한 리더십을 하나의 원인으로 꼽을 수 있습니다.

둘째, 회원의 비즈니스 현안과 미래에 관한 문제 즉, 부동산 시장 정책과 제도 개선, 거래 질서 확립에 무능했습니다. 즉, 비즈니스 환경과 영역의 개선 의지가 없었습니다.

셋째, 부동산 시장의 탈법과 불법 행위와 시장을 침투하는 세력(부동산컨설팅 등)들을 응징하거나 척결하기 위한 정책도 전략도 없는 무능이 리더십 불신을 초래하였습니다.

넷째, 협회의 근원적 과제인 회원을 '하나의 공동체'로 뭉치겠다는 이상도 의지도 보여 주지 못했습니다.

다섯째, 부정부패와 비리, 무능으로 회원의 분노와 불신을 스스로 만들었습니다. 일부 재선에 도전했어도 실패했고, 대부분 스스로 재선에 도전을 포기해야만 했습니다.

## 06) 회장이 실패한 원인의 하나로 체제와 시스템을 꼽은 이유는 무엇인가?

회원은 자신의 삶과 좋은 비즈니스 환경이 가장 중요합니다. 회장이 추진하는 정책과 전략이 자기 삶에 이로운지 아닌지를 살펴보고 나서 회장을 지지하거나 거부하게 됩니다. 즉, 협회의 정책과 활동들이 '나에게 도움이 되나? 그렇지 않은가?'에 따라서 회원은 자신의 태도를 결정하는 것입니다.

현행, 협회 체제와 시스템은 회원의 관리와 통제를 위해서 준비한 '관리협회'로 설계했습니다. 그러나 회원이 원하는 것은 회원의 성장을 지원할 수 있도록 기획한 '서비스협회'에 있습니다.

연임의 실패는 체제와 시스템의 책임도 매우 큽니다. 회원과 시장의 성장을 이끌지 못했고, 부정부패를 저질러도 처벌할 수 없는 부실한 시스템이 부정부패를 조장한 것이 분명하기 때문입니다.

## 07) 무능한 회장 심판은 잘하면서 왜 유능한 회장은 선출하지 못하나?

그게 진짜 우리의 문제입니다. 선거 규정과 지침, 선거관리위원회 운영 방식 등 선거 시스템의 부실도 문제가 있지만, 부패에 길들어진 선거 문화와 이를 방조하거나 조장하면서 즐기는 소수의 나쁜 회직자 사회가 가장 큰 문제입니다.

회원의 무관심과 냉소 속에서 나타나는 우울한 현상입니다. 우리 협회의 선거 제도와 문화가 훌륭한 인품과 경륜(지식과 내공)을 지닌 사람이 도전하기에 적합한 조건이나 환경은 결코 아닙니다.

훌륭한 인품과 소신으로 리더십을 준비한 후보자보다는 선거 운동에 능숙한 수단(?)을 활용하는 무능력한 후보자에게 승산이 더욱더 높습니다. 부실한 선거 제도와 부패한 조직 문화, 회원의 무관심을 이용하는 후보자가 유리한 지형이기 때문입니다.

### 08) 선거 제도와 관리 부실의 실체는 무엇인가?

실력은 없어도 선동과 야합(?)에 뛰어난 사람이 승리할 확률이 높은 선거판입니다. 실력과 인품에 따라서 참일꾼을 선출하는 선거판이 아닙니다. 선거 제도와 시스템, 선거 문화까지 모두 다 부실한 것이 우리의 현실입니다. 거기다가 선거의 기간은 겨우 20일뿐입니다.

후보자의 공약을 담은 선거 홍보물은 선거일 3~5일 전 받거나 더 늦게 도착하기도 합니다. 이건 후보자 검증 기간이 20일이 아니라 3~5일입니다. 회원은 후보자도 잘 모르고 투표장에 나가야 하는 겁니다.

이런 현실이 후보자 비전과 인품보다는 나쁜 선거 수단(금품 선거, 야합)이 강력한 효능을 발휘할 수 있는 선거판으로 만드는 것입니다. 이런 허술한 선거 과정이 준비가 안 된 사람을 회장으로 선출하고, 회원과 협회를 망칩니다. 그리고 회장도 스스로 망치는 불행한 역사를 20여 년 반복해 왔습니다.

선거 제도와 관리의 혁신과 회원과 회직자의 선거 문화까지 변화시킬 수 있는 지혜로운 회장을 선출해야겠습니다.

협회경영 혁신전략

## 09) "회장을 바꿔도 똑같다!"라고 아우성친다. 원인은 무엇인가?

간혹, 그런 회장을 뽑은 회원의 문제라고 지적합니다. 그러나 첫째는 후보자의 문제고, 둘째는 선거 제도와 시스템에 있고, 셋째는 부패한 선거 문화 특히, 금품 선거에 있다고 봅니다. 우리 회장 선거는 '묻지 마! 선거'입니다. 회원은 후보자의 인품이나 자질에 대해서 잘 모릅니다. 많은 회원이 회직자와 선거운동원의 영향을 받아 투표하게 됩니다. 이를 바로잡는 방안으로 다음 두 가지를 살펴볼 수 있겠습니다.

첫째, 회장 후보자는 후보 등록일 6개월 전에 '예비 후보'로 등록하고, 자신의 비전과 정책, 포부와 경력을 알리면서 선거 활동을 할 수 있어야 합니다. 이 과정에서 예비 후보자는 회원의 생각도 듣고, 자신의 비전과 소신을 정비할 수도 있고, 스스로 등록을 포기할 수도 있습니다.

둘째, 금품 선거 병폐를 끝내야 합니다. 우리 협회의 과다한 선거 비용은 유능한 인재의 출마를 차단하는 수준입니다. 회장으로 재직 중 받을 수 있는 보수 총액(제세공과금 공제 전 금액)의 x배가 든다는 말이 회원사회에 회자되고 있습니다.

그렇게 큰돈을 지출한 사람이 회원을 위해 헌신할 수 있을까요? 그 사람은 왜 자신이 받을 수 있는 보수의 x배 이상의 거금을 투입하고 회장으로 나서야 했을까요?

좋게 보면 정말 대단한 살신성인입니다. 그러나 우리 협회의 부정부패는 바로 '금품 선거에서 시작됐다.'라고 진단할 수 있습니다. 이 두 가지 적폐는 반드시 해결해야 합니다.

첫 번째 문제는 회장의 소신과 의지만 있으면 수월하게 해결할 수 있습니다. 그러나 두 번째 문제는 후보자의 문제지만, 사실은 회원의 여론 주도층(밴드 리더 등)과 '주요 회직자가 얼마나 깨어 있느냐?'에 달려 있는 문제입니다.

'금품 선거가 곧 부정부패다. 우리를 다 죽이는 전염병이다. 이걸 막아야 산다!'라는 확고한 신념으로 회원과 회직자가 금품 선거를 거부할 수 있을 때, 유능한 인재가 선거에 승리하고, 회원과 협회도 함께 승리할 수 있는 신거로 바뀔 것입니다.

### 10) 선거 제도와 시스템의 부실 그리고 혼탁한 선거 문화가 유능한 인재를 차단하는 것이 맞나?

회장을 선출하는 것은, 회원과 시장에 직접적으로 영향을 미치는 매우 중요한 역사입니다. 후보자가 제시한 청사진과 시나리오에서, 협회를 이끌어 가는 모습과 결과를 예상하며, 그 속에서 '나의 비즈니스 환경은 어떤 변화가 나타날 수 있을까?'라는 질문을 던지고 답을 찾은 후, 회원 자신의 미래를 위한 선택을 해야겠습니다.

선출한 회장이 회원이 원하는 방향으로 나가지 않고 있다면 그 선거는 실패한 것입니다. 비전과 리더십도 없지만, 자기선전과 표 얻기에 능숙한 사람인 줄 모르고 선출한 회원에게 책임이 있을까요? 아니면 허술한 제도와 시스템에 있을까요? 협회 회원광장과 밴드에 후보자의 동료나 선후배가 작성한 '후보자 평판서'를 공개하는 방법은 어떨까요?

## 11) '후보자 평판서'를 공개하자는 이유는?

선거 수단에만 능숙한 사람은 당선 후, 협회 운영에 너무 무지하거나 미숙하여 지도자 몫을 감당하지 못하는 경우가 나타났고, 협회와 회원을 더욱 어렵게 만드는 걸 우리는 경험하고 있습니다. 그러나 훌륭한 비전과 리더십이 있어도 조직 선거나 금품 선거를 할 수 없는 사람은 선거에서 승리하기가 어려운 것이 현실입니다. "이게 공정한 선거인가?"라고 묻기조차 부끄럽습니다. 동료 회원과 이야기를 나누면서 서로 공감하며 동의하는 것이 하나 있습니다.

그건, 후보자의 공약과 그 청사진이 취임하는 그 날로부터 사라져 버린다는 점입니다. 10만 회원의 삶을 위하여 봉사하겠다고 당선된 사람이 아닙니까? '어떻게 그처럼 무책임할 수 있을까.', '그 해결 방법은 무엇이 있나.' 등 고민하다가 후보자를 더 깊이 알 수 있는 '후보자 평판서'를 공개하는 방안을 생각해 봤습니다.

## 12) '후보자 평판서' 공개로 무엇이 달라질까요?

사람은 서로를 잘 알수록 정도 쌓이고 믿을 수도 있습니다. 선거도 마찬가집니다. 회원이 후보를 잘 알 수 있어야 좋은 선택을 할 수 있습니다. 후보자에 관한 정보가 정확히 알려질수록 좋은 선택이 가능해지겠지요.

또한, 후보자로서는 공약과 이력서만으로 알릴 수 없었던 자신의 재능과 장점도 알릴 기회가 되고, 회원은 후보자의 일상사에서부터 인품과 신뢰도까지 파악할 수 있어 바른 선택에 도움이 될 수 있을 것입니다.

## 13) '후보자 평판서' 공개를 거부하는 후보도 있을까?

후보자의 입장은 홍보물만으로 알릴 수 없는 부분 즉, 자신의 장점이나 재능에 대해서 동료나 선후배가 알고 있는 그대로 작성한 '평판서'로 자신을 알린다는 이점도 있습니다.

물론, '평판서'를 작성하는 사람이 무조건 좋다고 평가할 수도 없습니다. 후보자의 단점이나 문제점이 있다면 감추기도 어렵습니다. 거짓이나 허위를 적시했을 경우, 그 시역의 회원들이 가만히 보고 있시 않을 것이고, 자신의 인품과 명예에도 영향을 미칠 수 있기 때문입니다.

회원들은 댓글과 다양한 방법(SNS 등)으로 사실을 바로잡는 운동을 전개할 건 분명합니다. '평판서'의 역할은 선거권자가 후보자 이력서와 홍보물만 봐야 했던 한계를 넘어서 주변 인물이 평가한 '생생한 정보'로 후보자를 조금 더 잘 알고 선택할 수 있게 만들고, 후보자는 인품이나 재능 그리고 숨겨진 이야기까지 상세히 알릴 기회이기 때문에 거부할 이유가 없겠습니다.

## 14) 동료나 선·후배가 자신의 강점만 설명해 줄 거라 믿기 때문인가?

그렇습니다. 후보자가 평판 작성을 요청할 사람은 자기 동료 회직자나 선후배 등 자신을 잘 아는 사람들입니다. 사실과 다르거나 그릇되지 않게 잘 써 줄 거라는 믿음이 있을 것입니다. 그렇다고 '평판서'를 작성하는 사람이 무조건 좋게만 쓸 수가 없는 '질문서'를 작성하는 것이 관건이겠습니다.

특히, 후보자의 인품(청렴과 윤리)과 지도자로서 그릇을 파악할 수

협회경영 혁신전략

있는 질문이어야겠습니다. 그리고 그 '평판서'에 회원이 평가가 댓글을 달 수 있도록 하여, 거짓이나 과장된 '평판서'가 나타날 수 없도록 해야 합니다.

### 15) '후보자 평판서' 공개가 선거 문화에 큰 변화를 줄 수 있을 것 같나?

회원과 후보자가 서로 신뢰로 소통하는 공정 선거에 다소의 도움이 될 것입니다. 후보자에 대해 더 깊고 상세한 자료를 제공하여 회원이 더 좋은 지도자를 선택할 수 있도록 도움을 주는 것이 목적입니다. 공정한 평판서가 회원의 공통 비전과 목표를 이어주는 연결 고리가 되어야겠습니다.

### 16) 그러나 후보자 측근이 작성한 평판에서 의문이 따를 수도 있지 않나?

공약만으로는 알 수 없는 후보의 인품과 성향까지 알 수 있게 하자는 데 목적이 있습니다. 평판서가 후보자의 옳고 그름을 살피는 것은 아닙니다. '회장의 직무를 수행하기에 적합한 사람인지 아닌지'를 살펴보자는 겁니다.

만약, '이 사람은 다 좋다.'라는 내용이라면 회원이 믿어 줄까요? 무엇보다도 평판서 작성자에게 질문사항이 적당히 답하고 넘어갈 수 없도록 치밀하여야겠습니다.

### 17) '후보자 평판서'에 어떠한 질문들이 중요할까?

"후보자가 공익과 사익 사이에서 선택지는 무엇인가?", "원칙과 윤리에 충실한가?", "부실한 제도나 시스템은 개선하는 스타일인가?", "현실에 안주하는 스타일인가?" 등의 질문들이 골자이겠습니다. 물론 이런 질문에 정답은 없을 것입니다. 사람에 따라서 보는 시각도 답도 다를 수 있기 때문입니다. 그러나 회원의 판단과 선택에 도움이 될 것입니다.

### 18) 회원이 궁금한 질문도 많을 것 같은데요?

당연합니다. 협회 현안과 회원의 비즈니스에 민감한 질문이 빠질 수는 없겠습니다. 정책 부실과 부정부패, 재정 운영의 방만함이 회원사회를 뜨겁게 달구어 왔었지요? "정책과 재정을 잘 운용할 사람인지? 아닌지?", "사익에 집착하는 사람인지, 공익에 투철한 사람인지?" 등 이러한 질문으로 회원이 우려하고 있는 사항들을 질문으로 밝혀야겠습니다.

### 19) 후보의 윤리에 관한 문제도 사실을 쓸 수 있을까?

작성하는 분은 사실을 그대로 써야 합니다. 친한 동료에게 요청했으니 후보자는 좋은 내용만 써 줄 거라고 기대하지만, 아닐 수도 있습니다. 대체로 좋은 이야기로 답하겠지만, 작성자는 후보만 위해서 작성할 수가 없습니다. 무엇보다도 자신의 인품도 평가되는 것이 '평가서'이기 때문입니다.

후보의 강점과 약점을 사실대로 작성하는 것이, 회원과 후보자 모두 좋은 일(승패를 떠나서)입니다. '평판서'를 작성하는 것은 후보자만 위한 것이 아니라 우리 10만 회원의 삶과 미래를 위한 것입니다. 이점을 깊이 명심하고 작성해야 합니다. '평판서' 작성자가 공정하고 정직해야 하는 이유입니다.

### 20) 공정한 선거관리위원회의 구성 조건은 무엇인가?

가장 중요한 질문이자 공명선거를 이루기 위한 핵심 과제입니다. 선거관리위원회의 공정성 확립을 위한 조건으로

첫째, '선거 관리 위원장'은 협회 '고문변호사로 한다.'라고 정해야 합니다.

둘째, 선거관리실무는 '중앙선거관리위원회에서 파견하거나 추천한 사람(1인)이 총괄한다.'라고 정해야겠습니다.

셋째, 선거관리위원 1/2 이상을 정부나 학계 등 외부 인사로 구성하여 공정성을 확립한다.

이런 세 가지 조건을 「선거 관리규정」에서 지켜내야겠습니다.

# 협회경영
# 혁신전략

ⓒ 임재우, 2024

초판 1쇄 발행 2024년 7월 10일

지은이     임재우
펴낸이     이기봉
편집       좋은땅 편집팀
펴낸곳     도서출판 좋은땅
주소       서울특별시 마포구 양화로12길 26 지월드빌딩 (서교동 395-7)
전화       02)374-8616~7
팩스       02)374-8614
이메일     gworldbook@naver.com
홈페이지    www.g-world.co.kr

ISBN    979-11-388-3339-4 (03320)